LEESOO BAZI High-tech solution***** / THE KALEIDOSCOPE OF LIFE - II

八字術超絕頂必殺技法

刑起刑發, 沖起沖發, 合絆合起, 會倒會發의 完璧 圖解

刑沖會合 精解

朴焰 著

서

八字命理第一顯學 李修門派
modestly & confidently*

Prologue

유구한 자평子平의 역사에 유독 형충회합刑沖會合의 이론 체계만큼은 선명하지 못했다. 고서에 사고四庫의 재관財官은 마땅히 형충으로 개고開庫시켜야 한다고 주장한 설이 많다. 또 이를 두고 하등 근거 없는 잡설로 비평한 근세 대가들의 기록도 어렵지 않게 확인할 수 있다. 그런데 어느 하나도 분명하고 자세하게 형충의 작용력을 설명한 바가 없다. 게다가 충과 달리 형은 명리命理에서 특별히 간주할 바가 아닌 요소로 정의했을 정도다.

'적천수적요滴天髓摘要'에는 자평子平의 대가들로 추앙을 받는 진소암陳素庵과 임철초任鐵樵가 "형은 속된 오류로 폐기해야 한다"는 견해를 반박하는 내용이 있다.

先賢陳素庵或先賢任鐵樵, 如下述, 堅持指責之態度.

「刑之意無所取, 如亥刑亥, 辰刑辰, 酉刑酉, 午刑午, 謂之自刑。本支見本支, 自謂同氣, 何以相刑。子刑卯, 卯刑子, 是謂相生, 何以相刑。戌刑未, 未刑丑, 丑刑戌, 皆爲本氣, 更不當刑。寅刑巳, 亦是相生。寅申相刑, 旣冲何必再刑。又曰子卯一刑也。寅巳申二刑也。丑戌未三刑也。故稱三刑, 又有自刑。此皆俗謬, 姑置之.」

但, 與先賢任鐵樵之意見不同,「刑」是絶不可忽視的. 實際論命時, 明顯可知之其重要性. 地支之合局與三刑, 單以地支本身的變化, 具有可以左右一個命造的成敗之特殊作用.

尤其, 對於原局或行運裏, 已被刑或被冲之字, 大忌再刑或再冲.

고가에는 형이 좋기도 하고, 실로 흉하다고도 한다. '팔자술필살기八字術必殺技'에 인용된 귀곡유문鬼谷遺文의 한 구절은 일러 주는 바가 적지 않다.

君子不刑定不發, 若居仕路多騰達 ; 小人到此必為災, 不然也被官鞭撻.

군자와 선비에게는 형이 발달의 동기가 되지만 소인에게는 재앙이 되고, 그렇지 않다면 타인에게 채찍질과 매질을 한다는 것이다. 그렇다면 위세와 권위를 떨치다 일시에 추락하여 가혹한 형벌을 당하기도 하는 엄연한 현상의 연유는 또 무엇인가?

한 마디로 후학들이 종잡을 수 없도록 설명되어 있는 분야가 바로 이 형충회합의 분야로 남아 있었다. 그런데 오늘날 한국韓國 명리의 대세는 한층 정교해진 형충회합의 실기로 설명된다. 그 원류는 자타가 공인하는 이수학파李修學派다. 밀레니엄 시대에 들어서야 베일이 벗겨진 형충회합의 실체는 한국에서 분명하게 정의되었고, 그 작용력이 선명하게 밝혀졌다. 이점은 우리 명리학의 특장이자, 선진명리의 이정표가 된 셈이다. 명리학의 '뉴챕터(새로운 장)'을 열었으니 실로 자부할만한 일 아닌가.

최근 대만臺灣에는 두수斗數가 결정적인 형세다. 자평子平의 한계에 이미 봉착했다는 얘기다. 향후에는 두수의 시대가 가고 칠정사여七政四餘가 주도하는 시대가 될 것으로 보는 학인들이 적지 않다. 명징파明澄派에서 두수와 자평, 성평星平을 명술命術의 초급, 중급, 고급의 학습 과정으로 분류한 것도 같은 취지다. 이상은 다 자평子平에서 해답을 찾지 못했다는 의미다.

'난강망欄江網마스터리'의 서문에는 다음과 같은 글이 있다.

"고래(古來)로 대부분의 인사들은 팔자명리(八字命理)를 잘 알지 못했다. 자평(子平)의 동호인(同好人)이나 평범한 학인(學人)으로 머문다면 모르되, 이른바 현장 술가(術家)라면 마땅히 팔자(八字)의 오의(奧義)에 통해야 한다. 그런데 강호(江湖)와 강단(講壇)을 묶어, 대개 사학(斯學)을 연구하는 학자들은 명리(命理)를 단지 '오행(五行) 생극제화(生剋制化)'의 이법(理法)적 틀에 국한된 시각을 견지하거나 이해하기 일쑤다. 이토록 명리(命理)를 인식하는 수준이 낮으므로 명술(命術)의 다양한 기법을 수렴하기란 거의 불가능한 얘기가 된다. 기초적인 자평술(子平術)이나 두수(斗數), 또 이를 병용하는 성평합참(成平合參), 그리고 명학(命學)의 최고봉으로 치는 철판신수(鐵板神數)나 복(卜)의 태을(太乙)에 이르기까지 나름대로 일가견을 피력한들, 명리(命理)에 정통하지 않다면 양두구육(羊頭狗肉)이 그럴듯한 바에 지나지 않는다. 오랫동안 동양술학계에는 수많은 문파(門派)와 유파(流派)들이 존재해 왔지만, 아직껏 성숙한 환경을 구축하지 못했다. 한 마디로 학문적 위상에 걸맞는 대접을 받지 못한다. 원인은 자못 간단하다. 학문적인 원칙이 불분명하고, 지식이 온전치 않기 때문이다. 까닭에 지금껏 '명학의 학습 과정'이나 '술(術)의 실전 간명(看命) 순서'조차 바르게 설명되지 못하는 현실이다. '체용(體用)을 분간하는 용법(用法)'부터 정리가 되지 못했으므로 한 마디로 '펀더멘털'의 부재 상황이라 할만하다. 이를테면 '자평진전(子平眞詮)'과 '난강망(欄江網)'은 체신(體神)의 영역에 집중된 이론을 전개하는 고서(古書)임에도 불구하고, 이를 통해 세월(歲月)의 희용(喜用)을 구하려는 우(愚)를 범한다. '적천수(滴天髓)'를 더한 사주학(四柱學)의 3대 텍스트 각각을 바르게 회득(會得)하지 못하므로 팔자명리의 근간을 일관되게 관통하는 지식체계를 견지하지 못한다. 무릇 팔자학을 학습하는 이라면 '이기(理氣)와 체용(體用), 기질(氣質)' 등의 기본 개념을 확고히 다진 연후, 제 것을 만들어야 비로소 천박하지 않은 진정한 팔자술(八字術)을 구사할 수 있는 것이다. 그러므로 명리(命理)의 '이법(理法)과 기학(氣學)'을 온전하게 이해하지 못하면 더한 학문이 사상누각(砂上樓閣)에 그치고 만다. 자평(子平)의 고법(古法)과 신법(新法)은 대부분 체(體)를 축으로 한 이론 체계로 구성되어 있다. 반면 근자의 선진 명학(命學)은 용(用)의 영역인 '오운육기(五運六氣)의 물상법(物象法)'과 '형충회합(刑沖會合)의 실기(實技)' 분야로 확장해가는 추세를 보이고 있다. 혹자는 자평(子平)은 실성(實星)이요, 두수(斗數)는 허신(虛神)으로 대립 보완적인 관계를 논하기도 하는데, 이 또한 몰라서 하는 얘기다. 명리(命理)의 고급 기법은 허(虛)와 실(實)을 다 같이 포괄하고 수렴한다. 고전(古典)으로 기초(基礎)를 다지고, 이후 명술(命術)의 각론, 선진 기법을 익혀 이를 자유자재로 운용하는 묘법(妙法)을 체득해야만 비로소 '팔자술'의 마스터로 부상하게 되는 것이다."

우리나라는 전통적으로 자평子平이 강했다. 팔자八字로만 명운命運을 파악하는 기법이 다양했고 강호에 숱한 실력자들 또한 존재했기 때문이다. 그러나 엄밀히 따져보면 오랜 기간 신사조新思潮에 어두웠던 역사에서 나타난 현상이기도 하다. 최근까지 한국은 일본日本의 아부태산阿部泰山과 같은 세계적인 지명도를 지닌 술가術家를 배출하거나, 문파門派라 할 만한 집단이 존재하지 않았다. 이것은 간단히 말해서 원칙의 부재에 기인하는 것이다. 그러다가 첨단 IT시대의 서막과 함께 돌연 모습을 드러낸 이수李修 선생이 사학계斯學界에서 급부상하며 중국中國 본토에 한국의 명리를 선보이는 쾌거를 낳았다. 현대에 이수명리가 각광받는 현상은 형충회합 분야의 독

보적 우월성를 견지하기 때문인데 여기에는 원칙과 원리가 분명한 강한 생명력이 있다. 그래서인지 한국은 여전히 자평子平 천하天下다. 한층 특화되고 세분화되는 형충회합의 첨단 기법으로 인해 여러 분야의 방술方術을 섞어 취하거나 다소 엇갈리는 제가諸家들의 장점을 모두 취할 필요성이 별반 없게 된 셈이다.

지금 한국은 팔자학八字學의 제일 강국이 틀림없다. 대만은 두수의 시대로 접어들었고, 일본에서 명리는 자취를 감추고 있기 때문이다. 서기 2000년도에 이수 선생의 등장과 함께 인터넷 시대의 도래로 그간 비인부전非人不傳이란 미명 하에 공개되지 않았던 방대한 자료들이 전면적으로 공개, 방출되었기 때문이다. 그러다보니 부작용도 적지 않았던 것 같다. 일종의 패션과 같이 형성된 지신知新의 열풍이 무원칙적으로 번져나가는 현상을 심심치 않게 발견할 수 있다. 가령 형충회합이나 물상운기, 허자론虛字論 등이 원류와 원칙이 망각된 채 시중의 저급한 잡기雜技로 둔갑하는 일이 비일비재하다.

이에 필자는 팔자술八字術의 고급 실기인 형충회합의 최신 이론과 함께 문파 원류의 정확한 원칙을 알리려는 취지로 저술을 계획해 왔다. 이 책은 가장 최근에 발표된 刑沖會合(a bazi primer-vi: The Kaleidoscope of Life 장서원, 2008)을 원문(the original)으로 삼아 학습자들의 자습自習이 가능하도록 해설한 주해서註解書라 할 수 있다. 모쪼록 독자들의 명리 실력이 일취월장으로 뻗어 나가는데 졸저拙著가 한 몫 하기를 기대한다.

戊子年 夏節 昌原 龍虎洞에서

朴焰 識

Introductory Remarks

1. 원문의 주해에서 형충회합의 원리 편은 다루지 않습니다.

2. 해설의 골자가 되는 부분은 각주(Vital point)를 다는 형식을 취했습니다.

3. 이 책의 내용 상당 부분은 고급 실기實技를 배려하고 있습니다만, 혹 당 문파의 최신명리조류에 익숙하지 않은 독자들은 'chapter 2▸ 3▸ 4▸ 5▸ 1'의 순으로 독서하는 것도 좋은 방편이 될 수 있습니다.

4. 고급 팔자술의 정밀한 법수에 정통하고자 무한 업그레이드를 지향한다면 향후 출간될 형충회합 실전서인 '이수명리형충회합실전요결'과 '팔자허자론', '팔자허자론강해', '명리물상실전57초' 등의 교재를 학습하면 효율적인 성과를 거둘 것입니다.

破窯賦 作者: 宋朝宰相 呂蒙正

天有不測風雲, 人有旦夕禍福；蜈蚣百足行不及蛇, 家雞翼大飛不如鳥。

馬有千里之程, 無人不能自往；人有淩雲之志, 非運不能騰達。

文章蓋世, 孔子尚困于陳邦；武略超群, 太公垂釣于渭水。

盜跖年長, 不是善良之輩；顏回命短, 實非兇惡之徒。

堯舜至聖。 卻生不肖之子；瞽叟頑呆, 反生大聖之兒。

張良原是布衣, 蕭何稱謂縣吏；晏子身無五尺封為齊國首相,

孔明居臥草廬能作蜀漢軍師。

韓信無縛雞之力, 封為漢朝大將；馮唐有安邦之志, 到老半官無封。

李廣有射虎之威, 終身不第；楚王雖雄, 難免烏江自刎；

漢王雖弱, 卻有河山萬里。

滿腹經綸, 白髮不第；才疏學淺, 少年登科。

有先富而後貧, 有先貧而後富。

蛟龍未遇, 潛身於魚蝦之間；君子失時, 拱手於小人之下。

天不得時, 日月無光；地不得時, 草木不長；

水不得時, 風浪不平；人不得時, 利運不通。

昔時也, 餘在洛陽。

日投僧院, 夜宿寒窯, 布衣不能遮其體, 淡粥不能充其饑；

上人憎, 下人厭, 皆言餘之賤也！

餘曰：非吾賤也, 乃時也、運也、命也。

余及第登科, 官至極品, 位列三公, 有撻百僚之杖, 有斬鄙吝之劍,

出則壯士執鞭, 入則佳人捧秧, 思衣則有綾羅錦緞, 思食則有山珍海味,

上人寵, 下人擁, 人皆仰慕, 言餘之貴也！

餘曰：非吾貴也, 乃時也、運也、命也。

蓋人生在世, 富貴不可捧, 貧賤不可欺, 此乃天理循環, 周而復始者也。

Contents

Prologue 3

Introductory Remarks 10

chapter 1 刑沖會合 Check-up 15

chapter 2 刑 Penalties 47

chapter 3 沖 Clashes 73

chapter 4 會 Assembly 89

chapter 5 合 Combinations 109

Epilogue 121

chapter 1 · 刑沖會合 Check-up

'형충회합'은 두 가지의 중요한 뜻을 담고 있다.

Vital point [1]> 첫째, 합작合作하여 생산한다.

Vital point [2]> 둘째, 명주命主의 성패와 직결된다.

합작이란 합하여 생하는 것을 말한다. 이를테면 甲과 己가 합하여 土를 낳거나, 寅과 亥가 합하여 木을 낳는 것이다. 또 寅과 午, 혹은 戌과 합해 火를 낳는다.

무릇 생산이란 다 합으로 나타난다. 그런데 왜 회합이 아닌 형충에 합작의 의미가 있다고 하는가? 子와 午가 충하면 子中壬水와 午中丁火가 합하여 木을 낳는다. 寅과 申이 충하면 寅中甲木이 타간他干, 己土를 보았을 때 둘이 합하여 土를 낳는다. 丑과 戌이 형하면 丑中癸水와

戌中戊土가 합하여 火를 낳는다. 이렇게 형충은 장간을 개고開庫시키는 작용력이 있다.

이상이 형충회합을 특징짓는 생산의 의미다.

명주命主의 성패와 직결된다는 뜻은 무엇인가? 대개 팔자의 진신, 용신用神과 관련된다. 예컨대 甲木을 用할 때 己土가 이를 합하면 기반羈絆되어 쓸모가 사라진다. 이것이 일차적인 패敗의 요인이 된다. 또 子午가 충하여 午中己土가 甲을 합하여 거去해도 패로 귀결되기 쉽다. 丑戌이 형하여 丑中己土가 甲木을 합거合去해도 마찬가지다. 이뿐만이 아니다. 寅午가 戌을 보아 염화炎火로 甲木을 불태워도 패한다.

이상이 성패를 좌우하는 형충회합의 위력이다.

앞에서 합은 생산의 동기가 된다고 했는데, 이어 합으로 인해 패의 요인이 되는 까닭은 얼핏 모순으로 여겨질 법하다.

이것이 바로 합으로 인해 '잃고, 얻는' 물상의 나들이다. 대개 합은 먼저 잃는 것이다(실제로는 먼저 들었다가 잃게 되고, 다시 얻는다). 용신이 합되면 용신은 일단 무력해진다. 이러한 현상을 합거 내지 합반合絆으로 표현한다.

그런데 먼저 실失하고, 후차적으로 득得하는 상황으로만 나타나지 않는 게 문제다. 잃는 것으로만 귀결되는 경우도 허다하다. 가령 甲木을 己, 土가 합하면 甲과 己는 합탐合貪하여 제 속성을 잃어버리기 일쑤다. 이점이 바로 일차적인 패인敗因으로 작동한다. 다음으로 甲己가 합하여 낳는 土는 득得이 되는데 이때는 일단의 조건에 부합되어야 합작생산이 가능해지는 것이다.

형충회합 이론에서 매우 중요한 개념이 '성패成敗와 得失득실'이다. 얼핏 '成=得, 敗=失'로 받아들이기 쉽지만, 엄밀히 따져 그렇지 않다. 실제에서는 '成이나 失, 敗지만 得'의 현상도 빈번하게 일어난다. 예를 들어 관격官格의 팔자가 직장에서 승진하면 당해는 성운成運으로 보아야 마땅하다. 실상에서 승진을 했지만, 심대한 재산상의 손실을 보는 수가 있다. 이때는 성운으로 규정하지만, 잃은 게 많은 한해가 된다. 즉 成이나 失이다. 반대로 재격財格의 팔자가 막대한 금액을 기부하고 명예를 얻었다면 명리로 볼 때 이것은 패운이다. 반면 명망을 얻었으니 인印을 득得한 것은 분명하다. 敗지만 得이다. 이외 재물도 얻고 승승장구하는 수가 있다. 성득成得이다. 반대로 가산을 탕진하고 건강마저 잃어 재기불능의 상태가 되는 敗失의 경우도 얼마든지 볼 수 있다. 또 무위無爲한 기간도 있을 것이다.

요약하면 성패의 의미는 팔자의 격국(용신), 즉 정체성과 관련된다. 득실은 그것과 무관하게 나타나는 현상이다. 그런데 합화나 불화로 귀결되는 득실이 곧 성패와 관계될 때가 있다. 이를테면 재격에 합화가 재로 귀결되거나, 관격에 합화가 관으로 귀결되는 경우다. 그러나 엄격하게 비추어 성운成運과 동등하게 간주할 수는 없고 득실의 확장된 차원에서 살필 문제다.

이제 독자들은 형충회합이 '합'이라는 프리즘을 통해 성패와 득실의 결과를 야기하는 과정을 대강 이해하였을 것이다. 정리해 보자.

甲과 己가 합하면 이 둘은 합반되어 모두 기능을 상실한다. 패인敗因으로 작용하거나 유실流失의 상황을 야기한다. 다음으로 이 둘이 합하여 土를 낳는다고 했는데 土를 배양할 수 있는 분위기가 조성되어야 한다. 그것은 일차적으로 월령月令에 달렸다. 하월夏月이나 사계四季에 생生해야만 土를 생산하여 득得할 수 있는 것이고,

춘추동절春秋冬節이라면 土를 얻을 수 없으니 '패敗요, 곧 실失'로 귀결되기 쉽다. 甲己가 합하여 土를 낳으면 합화合化, 土를 낳지 못하면 합거合去라 표현한다.

합화合化가 되느냐 아니면 불화不化, 즉 합거合去로 그치고 마느냐의 문제는 월령의 휴왕休旺에 달렸다. 다시 말해 왕상기旺相期를 얻으면 합화요, 휴수기休囚期에 속하면 불화가 된다. 아래 '팔자표창八字表彰(Bazi Lancet)'의 실득론實得論에서 인용된 내용을 살피면 이해가 한결 용이해진다.

八字鏢槍↑-5.實得論

⇝ 行運의 干支가 動搖하여 온전한 物象을 지을 때 得

⇝ 五合과 六沖은 得失의 交叉局面을 惹起

⇝ 合化가 實得의 前堤

보통 같은 五行의 干支가 결합되어야 物象을 짓고 命主는 해당 六神의 실체를 체감하게 됩니다. 이를테면 巳月 壬水 生이 丙丁 火運을 맞이하면 得財하는 바를 기대할 수 있는데 合이나 沖의 급격한 動搖 현상을 피해간다면 대략 온전한 物象의 결합을 이루어 그것을 取할 수 있습니다. 이외 干合의 경우, 일단은 運干이 象을 지으며 들어오지만 그것이 合한 命의 글자 六神은 流失되기 쉬우므로 '먼저 들고(ingoing), 다시 나가는(outgoing)'는 物象의 나들이를 실감하기 쉬운데 이때 合化의 뜻이 나타나므로 이것을 재차 取得하는지의 여부를 헤아리는 法手는 八字術 실전에서 고급 단계로 간주할 수 있습니다. 支沖은 본디 破壞의 작용을 암시하여 우선은 失로 보는게 용이한데 다만 이때도 開庫된 藏干들 끼리 合作하여 生産하는 유형이 정해져 있으므로 이러한 상황을 구분하고 추리하는 테크닉에 익숙해질 필요가 있습니다. 實得이란 當年에 구체적인 것을 얻고 또한 그것을 충분히 실감하는 현상을 뜻하는 말인데 한 마디로 合이나 沖, 어느 상황을 막론하고 결국 干合이 合化하는 質의 성분이 得의 국면을 야기하는 중대 요인으로 작용한다는 뜻입니다. 이것은 또한 八字의 喜忌와 무관하므로 몹시 중요한 秘訣의 하나로 꼽을 수 있습니다.

↭ 合化 五行이 月令을 얻으면 보통의 干支 物象 결합보다 더욱 뚜렷한 實得이 있습니다.

干合과 마찬가지로 三會 또한 강력한 合化의 뜻을 드러내지만 이것은 勢가 지나쳐 實得 이전에 顚倒(reverse, 反剋反生逆剋)되는 損傷의 流失이 取得에 비해 무거울 때가 많으므로 實得을 거론할 바가 못 됩니다. 아무튼 자신의 命에서 태어난 계절을 늘 염두에 두고 각 글자의 干合 五行이 일치되는 순간, 의외의 所得이나 成果, 得名하는 계기로 작동한다는 사실에 주목할 만한 가치가 있다는 것입니다.

이수[李修, 1965.7.30~]

		식공 食空	상공 傷空
庚	壬	甲	乙
戌	子	申	巳
		추절 秋節	

이수는 1999년 말에 術業界에 데뷔하여 그 시작부터 실속 없이 헛된 名聲만 난무하다가 2005년 乙酉年에 들면서 연관 事業을 접고 3년 남짓 停滯되었습니다. 2005년 乙酉年에는 전해 甲申年부터 준비해 온 사업의 불발로 크게 損財하고, 파트너들의 동반 추락과 함께 소소한 문제들이 걷잡을 수 없이 엉켜들었습니다. 주변이 모두 破散하고 孤立의 국면으로 치닫는 상황을 정작 그 자신은 乙木 傷官이 動搖할 때 직감하였는데 그것이 印綬와 合作하여 申月生이 生産할 무언가에 걸맞지 않은 기대를 걸고 희망의 불씨를 태우기도 했던 것입니다. 종내 實業은 敗하고 결과적으로 當年에 용인의 한적한 시골집에서 空想으로 시간을 허비하다가 命書만 十種 이상을 집필하고 출간하게 되었는데 그러한 현상은 바로 合化의 뜻이 작용했기 때문입니다.

위 乙巳生의 명조命造는 申月生으로 천간의 乙과 庚이 합하기만 하면 언제든 金, 인수印綬를 낳게 된다. 바로 여기에 명리학자로 명성을 떨치게 되는 근원이 있다. 유추해 보라. 재격이나 관격의 팔자는 기본적으로 재운이나 관운이 여타의 격국에 비해 우월하기 쉽다. 비록 격국이 손상당해도 합화의 작용만 나타난다면 재차 재관을 얻기 때문에 여간해서 재관이 단절되지 않고 이어 가는 뜻이 나타난다. 재관운도 동일하게 추리한다.

월령만이 합화의 절대 조건은 아니다. 월령을 잃었다고 해도 운지運支(대운의 지지)에서 왕상기를 얻었다면 해당 기간에는 합화의 득得을 기대할 수 있다. 또 삼회三會(삼합, 방합)의 회국會局도 합화와 불화를 결정짓는 준거가 된다.

합화와 불화의 득실得失을 판단하는 연습을 필자의 자조自造로 살펴보면,

乾

時	日	月	年
己	甲	己	壬
巳	戌	酉	辰

가령 丁年에는 壬丁이 합해도 酉月이라 木을 낳지 못한다. 壬丁合去에 불과하다. 甲年에도 甲己가 합하지만 酉月로 불화不化니 木을 낳지 못한다. 그런데 지금은 乙卯運이다.

時	日	月	年	大運
己	甲	己	壬	乙
巳	戌	酉	辰	卯

이 기간 중에는 丁年에 壬丁이 합하여 木祿을 구할 수 있다. 기간 중 丁亥年은 어떠한가?

時	日	月	年	大運	歲月
己	甲	己	壬	乙	丁
巳	戌	酉	辰	卯	亥

팔자를 볼 때는 처음에 천간의 작용력부터 살펴야 한다. 이는 후차적으로 설명될 선후론先後論의 한 가지 테마다. 먼저 壬丁의 합으로 인수와 상관이 합하여 먼저 묶이니 문서나 지위, 진로의 봉쇄나 차단을 암시한다. 이때 卯運이라 능히 합화하여 재차 목록木祿을 낳으니 고립, 단절된 국면과는 거리가 멀다.

Vital point 3> 운에서 천간은 3차원 입체, 지지는 2차원 평면에서 작동한다.

천간은 공간에서 작동하므로 가령 壬辰生의 팔자 시간이 壬이라 해도 丁이 합하는 데 걸림돌이 없다. 다만 팔자 원국 체신에서는 정물靜物, 평면으로 존재하므로 연월의 천간이 시간과 합하는 법은 없다. 천간과 달리 지지는 땅에 고착된 사물과 같아 운에서 달리 작동한다. 이를테면 세운의 지지는 운지, 연지, 월지, 일지, 시지의 순으로 단계적으로 동動한다.

천간의 합운은 최초로 작동하는 운기이므로 보통 당해의 辰月을 기점으로 일단의 기미가 드러나고 상반기에 결정되는 현상으로 귀결되기 쉽다. 丁亥年의 亥水는 대운의 卯木과 반합半合으로 최초에 동한다. 이렇게 먼저 卯가 동하면 卯는 월지의 酉와 충한다. 합충론合沖論에 육합은 육충을 해소하고, 육충은 육합을 해소한다는 논리가 있다. 육합과 육충은 동력動力의 선후에서 같은 단계에 놓이기 때문이다. 그런데 이게 실제의 작용면에서는 말처럼 간단치가 않다. 한 마디로 별로 맞지 않는 설명이다.

時	日	月	年	大運	歲月
己	甲	己	壬	乙	丁
巳	戌	酉	辰	卯	亥

우선 壬辰生의 팔자에 辰酉合을 卯가 충하여 합을 풀게 되면 개고된 卯中甲木이 팔자에 투透한 己土와 합하여 재財의 유실이나 해당 육친과의 분리가 따른다. 甲己의 합은 불화하여 합거合去의 유실로만 귀결될 뿐이니 이는 터전의 유실로 변동사를 예고한다. 卯는 개고되었는데 酉는 어떠한가. 팔자에 이미 辰酉合이 성립되어 있으므로 合이 해소되는 결과로 그치고 만다. 즉 酉金은 개고되지 않는다는 뜻이다. 한편 합반合絆이 충으로 인해 합동合動하여 합기合起하는 긍정적인 국면이 도래할 가능성이 높아진다. 재관인식財官印食은 모두 팔자에 합하는 글자가 있어야만 비로소 길신의 유용함을 드러내는 묘妙가 나타난다. 이것이 바로 합생合生이 오의奧義다.

壬辰生은 팔자 원국에 辰酉가 합반合絆된 유형으로 재관합생財官合生의 의미가 기대만큼의 효용이 나타나지 않는다. 이상적인 합생의 상황은 시지 巳의 역마식신과 월지 정관의 합작에 있다.

卯運이 辰酉合을 충격하면 辰酉合이 해소되면서 합반合絆이 합생合生으로 변이變移된다. 고인들이 팔자에 정관이 합하면 귀기貴氣가 사라지지 않는다고 한 뜻이 바로 이러한 현상에 근거한다. 다시 말해 팔자의 육합을 충운沖運에 육충이 해소하는 것으로 그치지 않고, 합반을 합생으로 변이시키는 합기合起의 긍정적인 현상을 간과해서는 안 된다는 얘기다.

그렇다면 팔자의 육충을 합운合運에 육합하는 현상은 어떠할까? 이것은 육합의 충운沖運과 전혀 다른 형태로 나타난다. 팔자의 육충을 육합하면 육충은 충동沖動하여 두 글자 모두 개고되는 상황을 야기한다. 재차 말해 육충을 육합이 해소하기는커녕 오히려 육충을 촉발시키는 결과를 가져온다.

합충合沖의 관계를 정리하면 다음과 같다. 먼저 충하면 합할 수 없고, 먼저 합하면 충할 수 없다. 육합을 충하면 합생하지만, 육충을 합하면 충동하여 개고된다. 전자에서는 충해 온 한 글자만 개고되는 것이고, 후자에서는 두 글자가 개고되는 큰 차이가 있다. 그렇다면 육충이 육합을, 육합이 육충을 해소한다는 설이 전혀 의미가 없다는 뜻인가? 그렇지 않다. 다만 팔자 원국의 체신에서 충합이 교차하면 이 둘의 작용력이 해소된 국면으로 간주해서 살피면 된다. 요는 일단 육충이 성립된 지지를 동요시키는 순간 충개沖開한다는 점에 있다. 이상이 동력선후動力先後와 시제선후時制先後의 차이라 할 수 있다.

時	日	月	年	大運	歲月
己	甲	己	壬	乙	丁
巳	戌	酉	辰	卯	亥

卯酉沖에 따른 甲己合去와 辰酉合起의 상황은 먼저 합기하고, 재차 합거로 나타난다. 그리고 곧 卯木의 기물파괴로 이어진다. 그러면 현상은 언제 일어나는가?

일반적으로 팔자의 원형이정元亨利貞(춘하추동의 사시)에 배정하여 추리하면 무난하다. 월지는 형亨, 즉 여름철에 해당하므로 상반기 이전으로 짐작하면 크게 벗어나지 않는다. 보다 적시 適時를 찾으려면 卯酉沖에 주안을 두고 卯月을 전후한 시점으로 헤아리면 적확할 때가 많다. 酉月 또한 卯酉沖이 예고하는 현상이 실상에 맺히기 쉬우므로 간과하지 말고 지켜보아야 마땅하다. 보통 관도官途가 열릴 때는 酉月에 앞선 申月에 유관酉官의 제왕지가 되므로 그 기미를 드러낼 가능성이 높다. 이상은 재성의 합거로 인해 터전을 상실하고, 재차 정관의 합기 현상이 나타나므로 대개 이런 변화는 교체나 전환, 전보轉補와 같은 상황으로 나타나기 쉽다. 卯木의 손상은 卯酉沖의 병상病象으로 나타날 우려가 크다. 팔자에 드러나지 않은 오행오행의 글자가 도래하여 파괴되면 병증病症을 유발할 때가 많기 때문이다.

질병疾病과 관련해서 문중門中에서 활용하는 포태胞胎의 긴요한 법수 하나를 소개하겠다. 壬辰生은 乙卯運에 발생하는 卯酉沖이 병증을 유발하기 쉽다고 했는데 치유는 언제 되는 것일까? 대략 파운破運에 병이 낫는다고 보면 된다. 파破는 현상에서 잘못된 부분을 보수補修하거나, 혹은 개선改善되는 상황으로 나타날 때가 많다. 이를테면 질병으로 시달리던 이들이 파운破運에 쾌차하는 경우와 같다. 그런데 이 같은 개량은 실제로 모든 육파六破의 관계가 아닌 '卯가 午, 午가 酉, 酉가 子'를 볼 때에 한정되어 암시되는 상황이다. 바꾸어 말하면 팔자의 글자가 운에서 장생長生이 되는 글자를 보아야만 개선된다는 뜻이다. 특히 원국의 酉金, 격국(體)의 입장에서 살피면 亥水는 욕패浴敗가 되고 子水는 장생長生이 된다. 관도官途의 기미도 또한 마찬가지다. 亥年보다는 子年이 대개 우월하다. 子보다는 申이 제왕지로 관록의 입장에만 국한한다면 세월에서 申을 가장 반기는 것이다. 관련 내용은 포태진기胞胎珍技를 참고하면 좋다.

時	日	月	年	大運	歲月
己	甲	己	壬	乙	丁
巳	戌	酉	辰	卯	亥

卯酉沖으로 인해 酉가 동하면 자연 연지의 辰이 동한다. 辰은 일지의 辰戌沖을 야기한다. 지지는 본래 평면에서 작동하지만, 일단 동인動因으로 격동되면 마치 천간의 움직임과 유사하게 첩貼한 글자를 뛰어넘어 요동搖動한다. 팔자가 일단 동하여 움직이면 지지도 3차원 공간에서 자유자재로 작동하는 것처럼 여겨질 정도다. 이 같은 상태는 물상의 법수에서 즐겨 활용되는 재료다. 辰戌沖이 나타내는 실상은 본문의 'chapter 3· 沖 Clashes'편을 통해 어렵지 않게 추리할 수 있을 것이다.

辰戌沖이 동하면 팔자의 水와 火의 육신이 입고入庫하는 물상物象을 예고한다. 연간 壬水는 이미 합거되어 유실되었고, 남은 것은 시지의 巳火 하나다. 예컨대 辰丑未運이 도래하여 일지 戌土를 직접 충격衝擊하면 巳火는 여지없이 戌土에 입묘入墓되는 불운을 보기 십상이다.

이때 巳酉合生이 매몰埋沒 상황을 면하게 하는 요인이 된다. 반면 연지의 辰이 동하거나, 시지의 巳가 동하여 후차적으로 戌이 요동하는 경우는 완전한 입묘가 아니므로 관련 물상의 실상으로 대체되기 일쑤다. 이를테면 巳戌 원진怨嗔으로 포착되는 숱한 물상 중의 하나로 빈번한 움직임을 예고한다. 식신 차마車馬가 戌土 도로를 질주하는 남서南西간의 행로다. 이에 그치지 않는다. 巳가 동하면 酉도 동한다. 이 둘은 식관합작食官合作의 상이다. 결론하자면 직업職業과 연관된 출행出行이다.

Vital point [4] > 지지의 파해破害 및 기타 수상數象의 부조화에는 합작 생산의 뜻이 없다.

형충회합과 달리 육파六破와 육해六害, 귀문鬼門, 원진怨嗔 등의 작용에는 본연의 합작 생산 기능이 없다. 다만 이 같은 인자因子들이 다른 글자를 동하게 하여 형충을 야기하면 합화로 이어지는 수가 적지 않으므로 간과할 재료가 아니다.

한 마디로 팔자는 형충회합의 작용으로 요동한다. 여기에 복잡다단한 삶의 득실, 성패 줄거리가 모두 투영되는 셈이다. 형충회합의 선명한 원칙과 작동 원리를 알고

물상을 배합하면 마스터의 직각直覺 경지에 오르는 것이다. 우인愚人은 아직 학學과 술術 어느 하나에도 통하지 못했다. 그러나 양사良師를 연緣하여 길을 알았고 학습하는 방법을 배웠다. 쉼 없이 익히고 연마하면 누구나 어느 정도의 경지에 오를 수 있겠지만, 명리命理는 자칫 길을 잘못 들면 오리무중을 헤어나기 어렵다. 지금 필자는 선진 명리의 참된 지남指南을 좇고 있다. 독자들, 눈을 떠라.

성패와 득실, 형충회합의 전반적인 개념의 이해를 돕는 의미에서 보기를 하나 더 들겠다. 다음의 명례命例를 보라.

乾

時	日	月	年
丙	壬	丁	癸
午	申	巳	丑

차조此造는 재중용겁財重用劫인데 재財가 잡雜하다. 요는 겉으로 드러난 정편재의 혼잡(염화야초艶花惹草)에 있는 게 아니다. 무수한 재의 합생 합작이 팔자의 부귀를 돕는다. 이것이 외피外皮와 속상屬象의 차이다. 명중

命中 丙火와 丑中辛金, 丁火와 申中壬水, 戊癸合火 이뿐만이 아니다. 巳丑合印에 이르기까지 재인財印의 합작을 강력하게 시사한다. 팔자 원국에 재경직에 응시하거나, 곧 합격이 유력함을 암시한다.

時	日	月	年	大運	歲月
丙	壬	丁	癸	甲	
午	申	巳	丑	寅	

癸丑生은 甲寅運을 맞아 수회 자격시험(CPA)을 치렀다. 이중 甲申年, 乙酉年, 丙戌年 삼년간 고배를 마셨다. 丙戌年에 혼인했다. 丁亥年에 합격했다. 혼인은 재財의 득得에 불과하다. 합격은 성成이다.

八字는 水火의 상쟁지국相爭之局이다. 이때는 조화(통관通關)를 귀貴로 삼는다(調和爲貴). 甲寅運에 재용식생財用食生으로 성격되고, 用은 甲木이다.

※ 相爭之局, 調和爲貴, 陽刃架殺, 官用印綬, 刃與財遇, 宜見食神, 官傷相見, 用財解爭, 才印交差, 官殺調停, 梟印奪食, 比劫可解, 不論旺衰, 不論强弱, 格有高下, 用神無差 - 子平一得 中 -

時	日	月	年	大運	歲月
丙	壬	丁	癸	甲	甲
午	申	巳	丑	寅	申

甲寅運, 甲申年 甲用의 뿌리를 손상하니 敗다. 이것이 바로 沖이 성패를 主因으로 작용한 현상의 하나다. 애초에 甲寅은 간지干支, 전자專字로 충기沖起(chapter 3· 沖 Clashes 참조)를 기대할 수 있었다. 그러나 甲申年에는 두 개의 申이 하나의 寅을 충한다. 이때는 충기가 충파沖破로 귀결된다. 이때는 숨겨진 중대한 하나의 기기氣機가 있다. 寅申巳 삼형三刑으로 일지 申金에 손상이 가면 협신夾神 未土가 빠져 나간다. 이렇게 되면 未中乙木과 비합飛合하는 庚金의 합생이 불가해진다. 기간 중에 좀체 득인得印을 기대할 수 없다는 의미다.

時	日	月	年	大運	歲月
丙	壬	丁	癸	甲	乙
午	申	巳	丑	寅	酉

甲寅運, 乙酉年 금국金局을 지어 甲用을 파극破剋하니 敗다. 이것은 회會가 성패를 가른 결과다. 용신이 극상剋

傷되면 비록 득인得印해도 무위無爲에 지나지 않기 마련이다.

時	日	月	年	大運	歲月
丙	壬	丁	癸	甲	丙
午	申	巳	丑	寅	戌

甲寅運, 丙戌年 화국火局을 지어 甲用은 무력해졌다. 이 또한 회會로 인한 敗다. 이때 癸丑生은 得妻하여 결혼했다. 앞은 삼회가 성패에 영향을 미친 것이고, 뒤는 개고된 戌中丁火의 申中壬水와의 합생 현상이다.

세운歲運의 득실은 단순한 육신六神관계로 정해지는 게 아니다. 다시 말해 재관인운財官印運이 곧 득재득관득인의 상태를 뜻하지 않는다. 모든 육신은 팔자의 각 글자와 합생되는 전제 하에서만 구체화된다. 보통 합생의 이상적인 구조는 실자와 암신暗神의 합작이다. 이점을 모르는 부류는 둘 중 하나를 맞추기가 어려울 것이다. 근세 자평子平의 거두들도 예외가 아니었다. 이것은 마치 달걀을 세우는 것과 같다.

時	日	月	年	大運	歲月
丙	壬	丁	癸	甲	丁
午	申	巳	丑	寅	亥

차인此人은 丁亥年에 이르러 용신이 건전하므로 합격했다. 丙戌年에는 개고된 戌中辛金이 시간 丙火와 합거되어 실인失印하지만, 丁亥年에는 丙辛合生의 뜻이 훼손당하지 않는다. 더하여 亥水는 보이지 않는 공功을 실현한다. 공협拱夾된 未土를 합하는 묘용妙用을 발휘한다. 이로 인해 巳와 申에서 개고되는 庚金은 未中乙木과 합생하는 의미를 지킬 수 있다. 이 대목의 설명은 몹시 난해한 것인데, 아래 '팔자허자론강해八字虛字論講解'의 관련 내용이 독자들의 이해를 다소 도울 것이다.

八字虛字論講解 - 雜取各格註解

虎午奔巳

此格乃辛癸日見醜寅, 取寅刑、醜合, 刑合出巳中丙戊爲辛癸官星, 更得一酉字合貴爲妙, 有刑無合, 祿不能住, 柱見申巳, 卽不人格。如壬戌、辛亥、辛醜、庚寅,甲戌、辛未、癸醜、甲寅, 二命合格爲貴。詩曰：辛癸日生歲月時, 若逢寅醜便爲奇, 寅刑醜合巳中祿, 此是功名福貴基。

此格은 辛癸日이 丑寅을 보면 寅이 巳를 刑하고 丑이 巳와 合하는 것을 취한 것이다. 刑과 合으로 巳中丙戊가 出하여 辛癸의 官이 되는 것이다. 이에 하나의 酉字가 있어 貴와 合을 이루면 妙하다. 가령 壬戌 辛亥 辛丑 庚寅과 甲戌 辛未 癸丑 甲寅의 二命이 격에 부합되어 貴하다. 시에 이르길 辛癸日生이 만일 歲月時에서 寅丑을 만나면 기이한 것이다. 巳中祿을 寅이 刑하고 丑은 合하여 부귀공명의 근본이 된다고 했다.

※ '호오분사'란 호랑이(寅)가 뱀(巳)과 교착하여 합하는 것을 뜻한다.

羊擊猪蛇

此格乃辛未、癸未二日, 以二三未字合起亥字, 沖出巳中丙戊爲辛癸之官, 柱有酉醜一字合住貴氣爲妙, 怕塡實沖刑。如甲戌、辛未、癸未、癸醜，庚申、癸未、辛未、乙未，二命合格，俱貴。詩曰：羊擊猪蛇格最强，日逢辛癸未相當，柱中逢酉申字，合祿無傷入廟當。以上諸格，須柱中無財官方用，有則不取。

此格은 辛未, 癸未 二日에만 한한다. 두세 개의 未字가 있으면 亥字와 合을 이루고, 巳中丙戊를 충출시켜 辛癸의 官으로 삼는다. 柱中에 하나의 酉나 丑이 있으면 貴氣가 머물러 妙하고 塡實과 刑沖을 두려워한다. 가령 甲戌, 辛未, 癸未, 癸丑과 庚申 癸未 辛未 乙未 二命이 격에 부합하니 貴한 것이다. 시에 이르길, 羊擊豬蛇格은 최강이다. 日이 辛癸未로 걸맞고 만약 柱中에 酉申字를 보면 合祿하고 傷함이 없으므로 조정에 든다. 이상의 제격들은 柱中에 財官이 없어야 하니 財官이 있다면 격으로 취할 수 없다.

※ '양격저사'란 양(未)이 돼지(亥)를 충격해와 뱀(巳)을 쓰는 것을 말한다. 삼합의 글자가 암충하는 유형으로 井欄叉와 유사하다.

時	日	月	年	大運	歲月
丙	壬	丁	癸	甲	丁
午	申	巳	丑	寅	亥

참고삼아 丁亥年에 수반되는 복잡다단한 물상의 줄거리를 요약하면 다음과 같다.

丁火財入(申中壬水合生) -> 寅亥合動食財合絆 -> 寅申巳三刑(寅巳刑起) -> 甲丙食財刑起 -> 丑午鬼門 -> 巳中戊土癸水合火得財(巳火動力喪失) -> 申中壬水丁火合木得食

끝으로 癸丑生의 元命과 이에 十干十二支運을 모두 배합하여 형충회합의 작용력과 기본 용어를 정리해 보겠다. 지지는 이차적 동요 상황까지만 국한해서 언급한다.

時	日	月	年	運
丙	壬	丁	癸	甲
午	申	巳	丑	

得食(丑中己土合生)

時	日	月	年	運
丙	壬	丁	癸	乙
午	申	巳	丑	

開路(巳中庚金合生)

時	日	月	年	運
丙	壬	丁	癸	丙
午	申	巳	丑	

得財(丑中辛金合生)

時	日	月	年	運
丙	壬	丁	癸	丁
午	申	巳	丑	

得財(申中壬水合生)

時	日	月	年	運
丙	壬	丁	癸	戊
午	申	巳	丑	

戊癸合絆(巳月合化)

時	日	月	年	運
丙	壬	丁	癸	己
午	申	巳	丑	

貪官無爲(己土不合)

時	日	月	年	運
丙	壬	丁	癸	庚
午	申	巳	丑	

得印(未中乙木合生)

時	日	月	年	運
丙	壬	丁	癸	辛
午	申	巳	丑	

丙辛合絆(巳月不化)

時	日	月	年	運
丙	壬	丁	癸	壬
午	申	巳	丑	

壬丁合絆(巳月不化)

時	日	月	年	運
丙	壬	丁	癸	癸
午	申	巳	丑	

得勢(巳中戊土合生)

時	日	月	年	運
丙	壬	丁	癸	
午	申	巳	丑	子

丁火生動 -> 子丑合絆

時	日	月	年	運
丙	壬	丁	癸	
午	申	巳	丑	丑

丙火生動 -> 巳丑合作

時	日	月	年	運
丙	壬	丁	癸	
午	申	巳	丑	寅

癸水生動 -> 寅刑巳起

時	日	月	年	運
丙	壬	丁	癸	
午	申	巳	丑	卯

卯申鬼門 -> 申刑巳起

時	日	月	年	運
丙	壬	丁	癸	
午	申	巳	丑	辰

癸水生動 -> 辰丑六破

時	日	月	年	運
丙	壬	丁	癸	
午	申	巳	丑	巳

癸水生動 -> 巳起申刑

時	日	月	年	運
丙	壬	丁	癸	
午	申	巳	丑	午

午丑鬼門 -> 巳丑合作

時	日	月	年	運
丙	壬	丁	癸	
午	申	巳	丑	未

丑未六沖 -> 癸申入庫

時	日	月	年	運
丙	壬	丁	癸	
午	申	巳	丑	申

丁火生動 -> 申巳刑破

時	日	月	年	運
丙	壬	丁	癸	
午	申	巳	丑	酉

丙火生動 -> 三會金局

時	日	月	年	運
丙	壬	丁	癸	
午	申	巳	丑	戌

丙癸生動 -> 丑戌三刑

時	日	月	年	運
丙	壬	丁	癸	
午	申	巳	丑	亥

丁火生動 -> 亥沖巳起

chapter 2 · 刑 Penalties

八字의 干支는 일차적으로 '干 대 干, 支 대 支'로 상호 작용한다. 다음으로 支의 動搖가 干에 미치는 영향력을 살피게 되는데 이때 뚜렷한 현상으로 나타나는 地支의 작용은 三刑과 三會에서 찾을 수 있다.

▶ 三刑三會

三刑	火金의 十干 六神	殺, 傷, 劫, 梟의 四凶神에 주안[1]
三會	顚倒(reverse)[2]되는 無根한 天干	合局五行 대비 官殺의 逆剋 현상에 주안

√Solution

[1]형충은 지지의 기물을 격동激動시켜 손상을 주므로 대개 부정적인 그림을 떠올리기 쉽다. 하지만 생각해 보라. 세사世事에 공짜로 얻어지는 게 있던가. 수분守分을 망각하고 과욕을 부려 처참하게 망가지기도 하고, 몹시 고되게 노력했음에도 불구하고 허무한 결과를 보기도 하는 게 인생사지만 대개의 삶은 정직한 것이어서 땀 흘린 만큼의 결실을 맺는 법이다. 이때 땀 흘리는 수고와 고된 일상이 형충운에 해당되기 쉽다. 그렇다면 형충이 보람된 것 아닌가?

Vital point > 형충운에 고된 노력이 헛수고로 끝나거나, 투자가 손실로 귀결되면 형파刑破, 충파沖破의 결과다. 반면 노력 대비 기대 이상 결과를 가져오거나, 급작스런 삶의 상향적 변화는 대개 형기형발刑起刑發, 충기충발沖起沖發, 그리고 합화실득合化實得의 작용에 근거하는 것이다.

甲寅을 申이 沖하면 간지 전자專字, 甲은 沖起하고 고자孤字, 申은 沖破되기 쉽다. 마찬가지로 丁巳를 申이 刑하면 대개 丁은 刑起하고, 申은 刑破된다. 이렇게 두 글자가 작용해서 하나는 살고, 하나는 부러질 때가 많다. 반면 甲寅을 庚申이 沖하면 전자專字의 둘은 모두 기발起發하는 순기능만 발현될 때도 있다. 그렇다면 간지 전자의 구조만 갖춘다면 형충운에 무탈함을 보증할 수 있을까? 그렇지 않다. 기起란 천간 육신의 성분이 확연히 드러남을 의미한다. 이것이 사길신四吉神이라면 매우 긍정적인 결과를 가져오겠지만, 살상겁효殺傷劫梟의 흉신이라면 종종 불리한 국면을 야기한다. 원문에서 삼형에 살상겁효의 사흉신에 주안을 두라고 한 점은 바로 이를 두고 한 말이다. 특히 간지 전자가 아닌 형파刑破의 구조에서, 이를테면 壬日이 乙巳를 보고 寅이 巳를 刑하면 먼저 乙傷이 불리한 상황을 조성할 우려가 깊다.

[2]삼회와 리버스는 어느 오행의 기운이 극렬해져 여타 오행의 글자에 미치는 해로운 영향력을 말한다. 이때는 會局을 짓는 오행과 나머지 오행에서 미약한 오행의 글자를 주목하는 스킬을 적용한다. 미약한 오행이란 팔자에 통근通根하지 않은 천간의 글자를 주로 의미하는 것인데, 가령 水局을 지으면 뿌리가 없는 庚辛은 금침金浸될 것이고 약목弱木은 부목浮木될 것이며 약토弱土는 류토流土될 것이다. 弱火가 꺼질 것임은 더 말할 나위가 없다.

刑을 數로 말하자면 十數之零으로 極에 이르러 결국 滿招損의 厄이 닥친다는 것인데 三刑과 相刑, 自刑이 각각 다른 것이다. '寅巳, 巳申, 寅申, 丑戌, 戌未, 丑未'로 구분되는 三刑은 開庫의 작용력을 수반하여 合化의 生産 가능성을 품지만 이 외는 자체적으로 生産하는 기능이 없고 대개 損失로 귀결되기 십상이다. 그렇다면 相刑, 自刑에는 得益의 의미가 전혀 나타나지 않을까. 그렇지 않다.

坤命,

癸 丁 庚 辛
卯 酉 子 丑 　◁ 酉年

辛丑生은 日時支가 卯酉沖이지만 八字 元命의 體神 자체에서는 卯酉沖이 沖動하려는 機微로만 보일 뿐 직접적으로 動하지는 않는다. 酉運에 酉酉刑으로 刑動하면

財動하여 몸이 고단해지지만, 그것으로 得財를 단정할 수 없다. 즉 自刑 자체로는 得益의 상황보다 財貪으로 인해 心身이 고단해지는 결과만을 언급할 수 있다. 그런데 酉酉刑이 八字의 卯酉沖을 沖動하도록 힘을 싣는다. 이로 인해 開庫된 卯中 乙木이 月干의 庚金과 合하여 化金하려는 뜻을 품게 된다. 이때 化金 내지 不化의 문제는 전적으로 月令에 달렸는데 子月生으로 계절을 얻지 못했다. 따라서 이 해에 들인 功은 결국 헛수고로 끝나기 십상이다. 하지만 戊申 大運 중의 기간이라면 이야기가 달라진다.

坤命,

癸 丁 庚 辛　戊
卯 酉 子 丑　申 ◁ 酉年

乙庚合은 運支 申金의 계절을 얻어 능히 救財하는 결

과를 보았다. 결론하자면 酉年에 辛丑生은 酉酉刑으로 온갖 愁苦와 投資(乙木 문서와 庚金 財의 合)을 아끼지 않았다. 이것은 自刑이 초래한 失의 측면이다. 어쨌든 命主는 當年에 乙庚合이 金으로 化하는 시점을 맞이하여 財物을 수중에 넣었다. 이것은 自刑이 불러 온 實得의 현상이다. 한 마디로 自刑 자체로는 開庫와 무관하지만 후차적인 開庫 현상을 야기했으므로 종래에는 得益으로 연결되는 결과를 본 셈이다.

이 대목에서 독자들은 動搖(unsettled) 상황과 관련해서 중요한 개념을 도출해 낼 수 있다. 쉽게 말해 비단 刑沖會合뿐만 아니라 破害 등도 八字나 大運에서 刑沖이 성립되어 있다면 開庫 현상을 야기하는 動力으로 간과할 바 아니라는 점을 분명히 인식하게 된다. 즉 世事의 모든 변화는 干支가 動하는 현상에서 類推할 수 있는데, 八字를 動하게 하는 글자의 조합에 대해 보다 정리된 지식체계를 갖출 필요가 있다.

두 가지다. 첫째 刑沖會合을 위시하여 비교적 八字를 세게 動하도록 만드는 글자의 조합은 모두 數와 象이 부조화되거나, 불안정한 형태로 드러날 때 성립된다. 둘째 각 글자 조합의 우선 작용력을 알고 있어야 한다. 이를테면 巳申은 合도 되고 刑도 되는데 어느 작용에 무게를 실어야 하는지를 命理家들이 잘 알지 못한다. 또 寅亥는 合도 되고 破도 되는데 현상에서 어떻게 적용하는지를 모른다. 답은 간단하다. 巳申은 刑을 먼저 보고 다음으로 合을 본다[1]. 寅亥는 合을 먼저 보고 다음으로 破를 본다. 이를테면 巳와 申이 刑이 될 때는 이 두 글자의 開庫 현상이 즉각 일어난다. 이때 合去나 合化의 현상이 나타나지 않으면 후차적으로 이 두 글자가 合으로 묶이는 현상이 나타난다. 마찬가지로 寅亥는 일단 合을 이루었다가 대개 十惡의 破로 귀결되는데 여타의 작용력이 개입되지 않는 한 地支 器物의 破壞를 초래하지는 않으므로 心身의 다소 孤單해지는 형국에 처하는 선에서 종결되기 쉽다. 干支 각 글자 조합이 지니는 動力의 우선순위를 구분하면 다음과 같다.

▶ 干支(動力)先後

一線	二線	三線	四線	五線	六線	七線
干合	三會	六沖	刑 (十數)	半合	破(四數), 害	鬼門(六數), 怨嗔
	三刑	六合				

√Solution

[1]巳申과 寅亥는 둘 다 六破에 속한다. 이들은 모두 먼저 合했다가 재차 破하는 작용으로 나타난다. 원문의 巳申에서 "刑을 먼저 보고 合을 본다"고 한 뜻은 결국 동력(power)의 선후에서 刑으로 귀결되는 현상을 말한 것

이다. '팔자술파이널블로'의 선후론을 보면 동력과 시제(tense)의 선후로 갈린다. '명리물상실전57초'에서 말하는 선합후파先合後破 내지 선합후형은 다 시제의 선후 관점에서 논한 것이다.

이제 八字 命主의 각 글자를 動하게 하는 글자 조합이 너무나 광범위하게 걸쳐 있음을 알게 되었다. 까닭에 十二支 상호 간의 글자 조합에만 한정해도 어느 글자 하나에도 마음을 놓을 수 없다는 점도 깨닫게 되었을 것이다. 命理는 먼저 命主 자신이 겪는 모든 현상의 因果를 빠짐없이 파악하고 깨닫는 시점부터 시작되어 그것으로 끝난다. 즉 命理는 始終을 포괄한다는 얘기다. 또한 그만큼 世事는 번거롭게 다양한 데가 있는 것이다. 한 번 더 연습해 보자.

坤命

壬 甲 癸 壬　戊

申 辰 卯 寅　戌 ◁ 亥年

大運에 辰戌沖이 성립되어 있다. 혹자는 戌運에 卯戌

合을 지었다가 辰戌沖이 되어 合이 해소된 것으로 볼지도 모르겠다. 壬寅生은 이미 方局을 지어 실은 六合이 개입될 여지가 없다. 또한 合과 沖이 중복되면 대개 害가 발생하여 세 글자가 모두 動搖하므로 이론과 실제가 다르다는 점을 숙지해야 한다. 어쨌든 命運은 모두 體神의 범주로 일단은 情物로서 존재하며 일단의 機微만 느껴지게 할 뿐이다. 亥年에는 辰亥 鬼門이 動한다. 鬼門이 무거운 게 아니라 이차적으로 辰戌沖을 불러오는 역할에 더 무게를 두어야 한다. 이때는 水火土의 入墓[1]가 진행되니 어찌 두렵지 않겠는가.

√Solution

[1]사고四庫의 형충은 사생이나 사패와 달리 먼저 입묘현상에 주안을 둔다. 가령 辰戌沖하면 팔자에 水와 火에 해당되는 육신의 글자가 입고되는 상황을 보라는 얘기다. 또 丑戌刑하면 金庫와 火庫의 刑이므로 팔자의 金과 火

의 글자가 입고되는 사안을 중하게 여긴다. 그런데 土는 辰과 戌에 입묘되지만, 보는 법이 다르다. 예를 들어 戊辰을 戌이 沖하거나 己丑을 戌이 刑하여 戊己가 입묘되는 법은 없다. 오히려 전자 간지로 구성되어 沖起沖發하거나 刑起刑發하는 경우로 나타나기 쉽다. 입묘의 특별한 설로 왕자입묘설이 있지만 土만은 예외란 얘기다. 까닭에 土는 천간으로 드러나지 않은 쇠자의 경우에 입묘되어 해당 육신의 우환憂患을 논한다. 이것은 형충과 입묘의 독특한 논리체계 중 하나다. 앞의 壬寅生은 대운에서 戊癸가 合絆되어 천간으로 드러난 土의 글자가 성립되지 않으므로 辰戌沖으로 土의 육신이 입묘되는 상황을 야기한다. 이때 개고된 戊土는 팔자에 합생의 의미를 찾을 수 없으므로 심각한 육신의 손상을 피해가기 어렵다.

예나 지금이나 命書(명서)는 貴人(귀인)이나 白虎(백호), 鬼門(귀문)이나 怨嗔(원진)이 단지 두렵다고만 기술하고 있다. 그게 아니면 五行(오행)生剋制化(생극제화)의 협소한 틀을 벗어나는 글자의 조합(神殺(신살))을 알량한 지식체계로 부정해 버리기 일쑤다. 이런 태도는 다 刑沖會合(형충회합)의 일차적인 合化(합화), 得(득)과 合去(합거)와 入墓(입묘), 物壞(물괴)

의 失이 교차하는 法手를 정확히 헤아리지 못했기 때문에 취해지는 좁은 스탠스다. 그러니 刑沖會合 이외의 글자 조합 또한 지니는 動力이 재차 刑沖會合을 흔들어 내는 이차적인 현상까지 접근하기가 실로 어려운 일이다. 江湖와 講壇의 先生들, 모르는 것은 흠이 아니나 자기중심의 좁은 생각에 집착하여 다른 사람의 의견이나 입장을 고려하지 아니하고 자기만을 내세우는 我執은 좀 곤란하다. 萬事 因緣 따라 흘러가는 것으로 치부하면 그만이겠지만, 넘쳐나는 後學들의 십수 년 努苦를 헛되게 한다면 몹시 씁쓸한 얘기가 아니겠는가.

이즈음에서 十二支 모두의 글자를 풀어헤친 다음 각 글자 조합의 動力을 우선순위에 기준해서 정리해 보자.

지 지 조 합 동 인

▶ 地支組合動因(motive)

D.F.	子	丑	寅	卯	辰	巳	午	未	申	酉	戌	亥
子		子丑合		子卯刑	子辰合	子巳合	子午沖	子未害	申子合	子酉破		
丑	子丑合				丑辰破	巳丑合	丑午害	丑未沖		酉丑合	丑戌刑	
寅						寅巳刑	寅午合	寅未鬼	寅申沖	寅酉怨	寅戌合	寅亥合
卯	子卯刑				辰卯害		午卯破	卯未會	卯申鬼	卯酉沖	卯戌合	亥卯會
辰	子辰會	丑辰破		辰卯害	辰辰刑				申辰合	辰酉合	辰戌沖	辰亥鬼
巳		巳丑合	寅巳刑						巳申刑	巳酉會	巳戌鬼	巳亥沖
午	子午沖	丑午害	寅午會	午卯破			午午刑	午未合		午酉破	午戌會	

未	子未害	丑未沖	寅未鬼	卯未會			午未合				戌未刑	亥未合
申	申子會		寅申沖	卯申鬼	申辰合	巳申刑						申亥害
酉	子酉破	酉丑會	寅酉怨	卯酉沖	辰酉合	巳酉會	午酉破			酉酉刑	酉戌害	
戌		丑戌刑	寅戌合	卯戌合	辰戌沖	巳戌鬼	午戌會	戌未刑		酉戌害		
亥			寅亥合	亥卯會	辰亥鬼	巳亥沖		亥未合	申亥害			亥亥刑

八字術(팔자술)에 글자를 動(동)하게 하는 여러 가지 요인들이 존재하지만 비교적 현저한 사항으로는 虛字(허자)(暗神)(암신)의 작용력을 제외하고는 위의 動因(동인) 조합에서 언급한 것으로 거의 모두를 수렴한다. 이 외로는 運支(운지)가 生(생)하는 八字(팔자) 地支(지지)에 포커스를 맞추어 生動(생동)하는 현상을 눈여겨보기도 한다. 앞에서 合化(합화)의 得(득)을 주로 강조했는데 得(득)의 측면에서

매우 유용하게 적용할 수 있는 재료가 하나 더 있다. 그것은 月支(월지)가 動(동)하는 상황에서 비롯된다. 刑沖破害(형충파해) 어느 것이든 月支(월지)를 動搖(동요)시키면 月支(월지)의 器物(기물)이 파괴되지 않는 한 八字(팔자)에서 이미 月令(월령)을 얻어 旺氣(왕기)를 띤 六神(육신)들이 發現(발현)한다[1]. 이를테면 財旺(재왕)한 命(명)에서 月支(월지)가 搖動(요동)하면 번거로움은 피할 도리가 없지만 비록 財(재)와 무관한 運(운)일지라도 救財(구재)하는 바가 적지 않을 것이다.

√Solution

[1]월지의 글자가 동할 때 여타의 팔자 간지에 미치는 현상을 짚어 내는 것은 팔자술 기법의 정석과 같다. 대개 월령을 얻어 왕기를 띠는 글자는 곧 격국으로 정의될 때가 많다. 까닭에 월지를 동요시키면 격국의 정체성이 절로 드러나기 쉽다.

天干(천간)과 결부되지 않는 地支(지지) 자체의 상호 작용을 살필 때 하나의 규칙이 있다. 이를테면 두 글자나 세 글자의

刑沖會合 등을 적용할 때 각 글자가 貼한 상태에서만 고려한다는 것이다. 다시 말해 떨어져 있는 글자끼리의 작용은 좀체 인정하지 않는다. 滴天髓의 影響遙繫旣爲虛가 바로 이 말이다. 그런데 六神物象(Module 4)에서 때때로 遙合의 상황을 설명하는 대목을 본 적이 있을 것이다. 이것은 둘 다 맞는 말이다. 八字가 體의 靜物로 존재할 때는 붙어 있지 않는 두 글자가 상호 작용을 하지 못한다. 그러나 運의 動因으로 八字가 흔들리기 시작하면 떨어져 있는 글자끼리도 작용하는 현상으로 나타날 때가 있다. 다시 말해 '體냐, 用이냐'에 따라 글자의 작용력과 작용 범위가 달라지는 것으로 이해할 수 있다. 일단은 命例를 통해 地支의 작용에만 한정해서 연습해 보자.

乾命

戊 甲 己 壬
辰 戌 酉 辰

壬辰生은 年月支의 辰酉合과 日時支의 辰戌沖이 성립되어 있다. 하나의 보기로 年支 辰은 貼한 酉의 글자와 관계를 나타내지, 떨어져 있는 日時支의 글자에는 영향력이 미치지 못한다. 또한 元命은 부동의 體로 靜物이기 때문에 八字 자체로 合沖의 작용력을 별달리 거론할 필요가 없다.

乾命

戊 甲 己 壬　乙
辰 戌 酉 辰　卯

지금은 乙卯運이다. 大運은 八字, 體에 대응하는 用으로 구분된다[1]. 즉 여기에는 動의 개념이 스며있다는 얘기다. 이것은 卯라는 글자가 八字의 四支 전체의 범위에 영향을 미칠 수 있다는 뜻이다. 卯酉가 沖하고 卯戌이 合하며 辰은 害한다. 그러나 아직은 沖合害의 구체적인 결과를 언급할 수 없다[2]. 보통 大運은 格局의 成敗와 用神의 變化를 주관하여 기간 중의 運氣 高底를 헤아리는 틀로 적용한다. 즉 글자의 動力이 실제로 나타나는 현상과 접점을 이루는 게 아니므로 動因의 결과 면에서 流年歲月과는 판이하게 다른 국면이다.

√Solution

[1]체용의 관계는 가변적인 것이다. 이를테면 대운이 명주의 입장과 대별하면 用이 되지만, 유년 세월의 입장에서 보면 體가 된다. 체용의 도해는 '자평진전리뷰'를 참고하면 한결 분화된 체용론을 습득할 수 있다.

[2]후자 體의 입장이다.

乾命

戊 甲 己 壬　乙　丁
辰 戌 酉 辰　卯　亥

壬辰生이 乙卯運中 丁亥年을 맞이했다 치자. 먼저 大

運의 卯와 木局을 짓는다. 만일 運支와 특별한 글자 조합의 관계가 성립되지 않으면 바로 年月日時 순으로 각 글자와의 관계 조합을 논할 수 있다. 즉 動物의 干支는 작용 범위에 구애를 받지 않는다는 뜻이다. 앞의 動力(dynamic force)表를 참고하면 亥는 亥卯 半合 이외 年時支의 辰과 鬼門이 성립됨을 알 수 있다. 이때 動力의 先後에 따라 鬼門보다 合局에 더욱 무게를 둔다. 半合이 아닌 三合을 이루었다면 그 자체로 각 글자는 기능을 상실하게 되어 오직 合을 논할 뿐 鬼는 염두에 둘 바가 아니다. 이상은 모두 '八字術파이널블로'에서 구체적으로 명기한 先後의 각론에 속하는 내용이다. 그러나 三會 혹은 刑沖 開庫로 인한 藏干의 合으로 해당 地支의 기능이 상실되지 않는 한, 글자의 動力은 그 의미가 퇴색되지 않는다.

乾命

戊 甲 己 壬　乙　丁
辰 戌 酉 辰　卯　亥

실상 壬辰生은 丁亥年에 亥卯半合보다 辰亥 鬼門의 작용력이 더욱 重하다. 亥는 卯와 먼저 半合을 이루었지만 기능을 상실하지 않았다. 이때 鬼가 무거운 게 아니라 鬼가 促進하는 卯酉沖과 辰戌沖의 상황이 한해 身邊의 變化 현상을 대표한다. 이를테면 애초에 辰酉合으로 官이 束縛[1]되어 官道는 停滯되는 듯하다가 卯酉沖으로 乙庚合化하니 官祿이 살아난다[2]. 또한 財庫를 沖動하니 六親과 別居하는 형편을 예고한다.

√Solution

[1]合絆이다.

[2]合絆이 沖에 의해 合生으로 전이轉移된 상황이다.

▶ 動力失持(동력실지)

干合(간합)	三會(삼회)	三刑(삼형)	六沖(육충)	六合(육합)	半合(반합)	破害(파해)	鬼門怨嗔(귀문원진)	着(착)
動力喪失(동력상실)		動力喪失(동력상실) (器物破壞(기물파괴))		動力維持(동력유지)				

이제 搖合(요합), 搖沖(요충)[1]을 말하겠다. 가령 壬辰生(임진생)이 巳時(사시)에 出生(출생)하고 酉年(유년)을 맞이했다 치자.

乾命(건명)

己 甲 己 壬

巳 戌 酉 辰 ◁ 酉年

酉酉刑(유유형)은 辰酉(진유) 合動(합동)을 유발하고, 다음으로 月時(월시)의 巳(사) 酉(유) 半合(반합)을 催促(최촉)한다. 巳酉(사유) 搖合(요합)이 성립되면 나아가 辰(진) 戌(술) 搖沖(요충)까지 야기하는데 이렇게 酉酉刑(유유형)의 動力(동력)이 轉移(전이)되는 사항까지 모두 살펴 한 해의 成敗得失(성패득실)을 推理(추리)해나가면 몹시 요긴한 결론에 도달할 수 있다. 動力轉移(동력전이)

(transition)[2]란 한 마디로 애초에 靜物로 微動도 않던 八字가 流年의 動力에 의해 雷動하는 현상을 말한다. 大運과 流年은 얼핏 命에 대응하는 用으로 같은 개념으로 이해하기 쉽지만 動力轉移의 측면에서는 비교가 되지 않을 만큼의 차이가 나타난다. 까닭에 '子平眞詮리뷰'에서 命과 運은 다 같이 歲月, 流年과 대별하여 體의 영역으로 간주한 것이다.

√Solution

[1]요합과 요충은 팔자 원국의 체신에서는 적용되지 않는 개념이다. 형충회합 등으로 동하기 시작하면 요충과 요합의 현상이 나타난다.

Vital point > 팔자는 정물 체體에서는 2차원 평면, 동인動因으로 요동하면 3차원 입체로 변한다.

[2]쉽게 말해 동력전이는 팔자의 어느 한 글자가 동하면 그것이 연쇄적으로 다른 글자를 동요시켜 나가는 국면을 의미하는 말이다.

搖合과 搖沖은 物象法에서 빈번하게 활용하는 유용한 기법의 하나로 꼽을 수 있다. 하지만 搖合, 搖沖을 살필 때는 분명한 원칙이 있다. 가령 八字에서 合된 한 글자를 自刑한다 해도 合動하는 각 글자가 여타의 글자와 조합되지 않는 상황이라면 動力轉移의 현상이 나타나지 않는다. 보통은 여러 글자가 상호 작용을 일으키며 자연 動機를 유발하기 마련이지만, 地支의 구성이 純一하거나 혹은 어느 한편으로 치우치면 해당되지 않는 경우가 있으므로 상세히 살펴야 한다.

得失의 측면에서 三刑 현상이 불러일으키는 得益은 다음 세 가지 사항으로 요약할 수 있다.

첫째는 開庫된 藏干의 合化 五行이다. 合化 여부를 살필 때면 月令과 더불어 合局, 그리고 運支를 모두 관찰해야 한다.

둘째는 合化, 合去가 성립되지 않아 해당 地支의 器物

이 파손되지 않고 刑發[1]하는 경우다. 沖과 刑이 구별되는 점은 바로 이것이다. 寅申은 刑도 되고, 沖도 되는데 이때는 어찌 볼 것인가. 先後論에 따라 먼저 刑으로 보고 다음으로 沖을 본다. 즉 器物에 손상이 없다면 寅과 申 둘을 모두 얻었다가 결국은 沖으로 인해 잃는 것이다. 刑合이나 合破 모두 종국에는 無益한 결론에 도달하는 것과 같다.

√Solution

[1]刑起와 沖起는 유형이 같다. 반면 刑發과 沖發은 의미나 패턴이 다르다. 형발은 개고된 장간이 합거로 사라지는 경우가 아니면 형이 된 글자의 육신이 발發하는 것을 의미한다. 충에는 이러한 의미가 축소된다. 까닭에 충발은 土의 專字에 한해 戊己土를 일컬을 때 현발現發의 뜻으로 쓰인다. 이외 형충이 긍정적인 현상으로 나타나는 것을 두고 광의적으로 기발起發이라고 표현할 때도 많다.

셋째는 月支를 刑할 때 月支의 器物이 파괴되지 않고

오히려 氣가 增幅되면 月令의 生旺氣를 띤 八字의 다른 글자 六神들이 發現되는 현상을 실감할 수 있다. 예컨대 坤命의 食傷이 旺할 때 특별히 食傷運이 유입되지 않아도 月支가 刑을 이룰 때 出産하는 경우가 적지 않다.

이외 刑의 開庫로 인해 器物이 파괴되어도 더러 뚜렷하게 어느 대상을 取하는 현상이 나타날 수 있는데 그것은 開庫된 藏干이 日干과 合을 이루는 후킹(hooking)[1]의 상황이다. 이것은 온전한 合이 아닌 한시적인 合의 불완전한 형태로 종종 當年을 넘기지 못하고 分離되는 경우가 많다. 후킹(hooking)은 器物이 파괴되지 않을 때[2]에 한하여 좋은 조짐으로 간주한다.

√Solution

[1]후킹은 일간의 합생 구조를 의미한다. 여기에는 장간의 합생합작과 같은 합작의 의미가 없다는 점에서 차별

된다.

2형충된 글자의 기물이 파괴되면 후킹의 합력이 감소되어 합생의 뜻을 기대하기 어렵다.

得益(득익)은 일단 긍정적인 기능이지만 刑(형)이 이렇게 바람직하게만 작용할리는 만무다. 開庫(개고)로 인한 合去(합거)의 상황과 연이어 나타나는 地支(지지), 器物(기물)의 파괴 작용은 刑罰(형벌)을 받는 厄難(액난)을 초래하기도 한다. 地支(지지)로는 財(재)의 器物(기물)이 파괴될 때가 危重(위중)하다. 八字(팔자)에 殺傷劫梟(살상겁효) 四凶神(사흉신)의 刑(형)도 口舌(구설)과 禍厄(화액)의 침범을 加速(가속)한다. 특히 刑地(형지)에 坐(좌)한 天干(천간)의 十星(십성)이 殺傷劫梟(살상겁효)에 해당해도 매우 不利(불리)하다. 이것은 地支(지지)의 작용이 天干(천간)에 영향을 미치는 드문 경우의 하나로 볼 수 있다.

chapter 3 · 沖 Clashes

刑과 마찬가지로 沖 또한 流年에서 命運을 沖해 올 때 비로소 奮起한다. 이를 沖起라 하는데 한 마디로 沖動한다는 얘기다. 이렇게 沖起하면 合化의 生産과 器物 파괴의 損失이 교차한다[1]. 그런데 合去나 合化의 조건이 성립되지 않아 器物이 온전한 상태라 해도 아무 보람 없이 애만 쓴 결과를 초래한다. 이것이 得失 면에서 刑과 구분되는 하나의 특징[2]이다.

√Solution

[1]원문에서는 충기를 충동과 구분하지 않고 동일한 뜻

으로 쓰고 있다. 고서에는 충기를 충동과 혼용할 때가 있다. 엄밀히 따져 충동은 沖이 예고하는 긍정과 부정을 모두 포괄하는 용어고, 충기는 긍정적인 현상에 무게를 두는 말이다.

[2]앞에서 설명한 刑發과 沖發의 다른 유형 개념이다. 육충은 지지 자체의 발현을 논하는 법이 없다.

Vital point > 충발沖發은 土沖의 전자專字에 한해 戊己土의 육신에 적용하는 개념이다.

다음은 '명리물상실전57초'에서 인용한 대목이다. "庫支가 刑沖을 당해도 發하는 경우가 있다. 土가 透하면 그러하다."

乾
戊 甲 己 壬
辰 戌 酉 辰

辰戌이 沖하면 水印이 入庫해도 發財하는 양상으로 나타난다.

그런데 古人(고인)들은 沖起(충기)의 의미를 曲解(곡해)했다. 이를테면 주로 扶抑法에 주안을 두어 八字의 喜忌를 가린 다음 喜神이 忌神을 沖해 오면 沖起하여 좋은 것이고, 忌神이 喜神을 沖해 오면 나쁜 의미의 不起로 구분했다. 滴天髓闡微의 내용이 그러하고 이를 撰集한 爰樹珊 또한 별다른 이견을 제시하지 못했다. 따져보면 八字 地支의 喜忌를 일방의 기준에 따라 가리는 잣대부터 바르다 할 수 없다[1]. 게다가 水火의 沖에서 子가 午를 일방적으로 沖한다고 사유한 대목에 이르면 할 말을 잃게 할 정도다. 徐樂吾 또한 이 문제로 고심을 거듭했지만 종래 그 역시 刑沖會合은 난해하여 알 수 없다[2]고 탄식하였다. 이보다 한결 진전된 견해를 자부하는 明澄派를 대변하는 佐藤六龍의 비교적 근래 저작인 四柱推命術奧義을 살펴보면, 八字 忌神 五行의 글자를 沖하거나 合해오는 것을 매우 기뻐한다고 했는데 종래의 빈약한 支論 체계를 벗어나지 않는다.

√Solution

[1]팔자의 각 글자 오행을 희용기구한으로 구분하는 법의 모순은 이미 발표된 저술을 통해 수차 지적된 바 있다. 특히 형충회합의 득실이나 물상 나들이 단계에서 팔자를 조망하면 종래의 이론 체계가 얼마나 빈약한지 자연 실감하게 된다.

[2]형충회합의 실기법의 선명한 이론 체계는 '팔자술필살기'가 발표된 밀레니엄 시대 이전에는 존재하지 않았다. 따라서 형충회합의 용어는 자평子平의 역사 이전부터 존재했지만, 지금 말하는 형충회합과 같지 않다. 오늘날 한국에서 개발되고 유행하는 형충회합은 실기의 원칙이 세워진 명리학의 '뉴 챕터'로 보아야 한다.

沖은 또한 開庫와 무관하게 器物을 파괴하는 작용력을 지닌다. 그것은 먼저 旺者와 衰者의 沖에서 衰者가 송두리째 뽑혀 나가는 현상을 말한다. 이때의 旺者는 八字에서 두 글자 이상 竝立한 글자나 혹은 運支에서 같은 글자가 보태질 때를 말한다. 가령 다음과 같은 경우다.

坤命

丙 乙 壬 庚
戊 亥 午 子 ◁ 午年

庚子生은 午年에 旺者沖衰衰者拔[1]이 되어 子水 印으로 인한 得益을 기대할 수 없다.

다음으로 衰者가 旺神을 沖해 오는 경우인데 이때 旺神은 沖發하고 衰者는 사라진다. 沖發은 마치 刑發의 상황과 같이 得益의 긍정적인 기능을 내포한다. 旺神은 合局을 뜻하기도 하고, 단순히 두 글자 이상의 旺者를 의미하기도 한다.

坤命

戊 丙 庚 辛
子 子 寅 亥 ◁ 午年

衰者沖旺旺神發[2]로 子水 官이 發現되니 새로운 職業

을 구했다.

√Solution

[1]'왕자충쇠쇠자발'이란 왕자가 쇠자를 충하면 양자는 일단 개고되었다가, 혹 쇠자의 입고물이 합거되는 상황이 나타나지 않아도 쇠자의 기물이 파괴되는 상황으로 귀결됨을 의미하는 것이다.

[2]'쇠자충왕왕신발' 또한 쇠자의 입고물이 합거되는 상황이 나타나지 않아도 쇠자의 기물이 파괴되는 상황으로 나타남을 의미한다. 다만 왕신의 경우 현발하거나 혹은 삼회의 경우 리버스, 즉 전도顚倒되는 국면을 수반한다. 즉 旺神發이란 왕자를 쇠자가 충해 오는 경우에 국한되는 말이다.

刑(형)과 沖(충)은 得失(득실)면에서 유사한 점이 많은 동시에 다른 점이 또한 분명하다.

▶ 刑沖得失(형충득실)

<table>
<tr><td>g/s</td><td colspan="4">得(득)</td><td colspan="3">失(실)</td></tr>
<tr><td>刑(형)</td><td>合化(합화)</td><td colspan="2">刑發(형발)</td><td>月支刑生(월지형생)
旺六神(왕육신)</td><td colspan="3">開庫合去器物流失(개고합거기물유실)</td></tr>
<tr><td>沖(충)</td><td colspan="2">合化(합화)</td><td colspan="2">沖發(충발)</td><td>開庫合去器(개고합거기)
物流失(물유실)</td><td>器物損(기물손)
傷(상)</td><td>沖拔(충발)</td></tr>
</table>

刑沖(형충)의 開庫(개고)로 인해 나타나는 合化(합화)나 合去(합거)의 현상은 成敗(성패)와 직결되는 문제다. 이때 合化(합화)의 實得(실득)이 곧 命主(명주)의 成就(성취)를 뜻하지는 않는다. 太歲(태세)로 결정되는 한 해의 成敗(성패)는 보통 運干(운간)의 喜忌(희기)에 좌우된다. 까닭에 喜神(희신) 運干(운간)이 合(합)되면 비록 얻는 것이 있을 수나 소망하는 일의 성취를 보기 어렵다. 반대로 忌神(기신) 運干(운간)을 合(합)하면 능히 목적한 바를 이룰 수도 있다. 그리고 八字(팔자)의 喜神(희신) 天干(천간)을 合(합)하는 것도 불리하다. 반대로 忌神(기신) 天干(천간)을 合(합)한다면 成敗(성패)면

에서 유리함이 깃들 것이다. 十干이 아닌 地支도 成敗에 영향을 미칠 때가 있다. 그것은 다름 아닌 合局運으로 이것은 運干의 영향력을 뛰어 넘는다[1].

√Solution

[1]회국운會局運은 그 세력이 위중하므로 득실과 하등 관계없이 용신과의 관계로 성패를 가르는 요소가 된다.

Vital point > 삼합국은 동력 선후의 일선一線으로 삼형과는 대응하지만, 육충과는 선후가 다르다.

다시 말해 삼합을 짓는 글자는 형으로 인해서는 개고의 가능성이 있지만, 충으로 개고되는 법이 드물다는 얘기다.

乾命

甲 戊 丁 己

子 子 卯 未 ◁ 亥年

殺重敗印格이 亥年에는 七殺 木局으로 印의 성취를 보지 못한다.

▶ 成敗

s/f	用		變	
成	喜神 運干	喜神局	忌神 運干 合去	空亡旺氣運
敗	忌神 運干	忌神局	喜神 運干 合去	空亡運

沖은 四生과 四敗, 四庫가 모두 다르다. 또 寅申沖과 巳亥沖이 다르고 辰戌沖과 丑未沖이 다르다. 子午沖과 卯酉沖 또한 마찬가지다. 滴天髓에 生方은 動을 墓庫는 開가 두렵다고 했다. 이를 두고 張耀文은 四生과 四敗의 動開가 두려운 것으로 原時의 補正을 언급했는데, 開庫의 작용력에 한해서는 明澄派가 미숙함을 보인 것이다. 任鐵樵가 "刑이 動해도 작용하지 않는다"고 한 것은 刑의 원리에 밝지 못했던 바에서 연유하는 것인데 明澄派는 아예 刑의 작용력에 관심을 두지 않았다. 開庫란 비단 四庫의 글자에 한정해서 쓰는 말이 아니다. 이것은

支沖의 작용으로 藏干들이 쏟아져 나오는 현상을 뜻한다. 支沖이 성립되면 대개 衝突(crash), 開庫(break open)의 수순을 거쳐 器物의 破壞(ruin)나, 損傷(damage) 둘 중 하나의 상황으로 결말짓기 마련이다. 즉 怕動은 四生의 글자가 급격히 衝하는 상황을 염두에 둔 말이고, 怕開는 開로 인해 入墓(burying)되는 현상을 의미한다. 즉 四生의 沖은 신상의 급격한 변동사를 예고하는 동시에 급작스런 橫厄이 따르거나 이를 피하면 食小多煩의 결과로 나타난다. 四庫의 沖은 沖이 성립되는 동시에 開土하여 入墓 현상이 나타나고 다음으로 開庫의 후차적인 상황들이 발생한다. 六神物象(Module 4)에서 내가 이를 地震(earthquake)과 火山(volcano)의 연관 작용으로 비유해서 설명한 바 있는데 어쨌든 四庫의 沖은 入墓가 더 위중한 상황이라 할 수 있다. 현실에서 怕動

은 갑작스러운 재앙이나 사고, 怕開는 진행되어 온 일의 마감 형태로 드러나기 쉽다.

寅申과 巳亥가 다르다고 했는데 巳와 亥는 陰陽 體用이 바뀐 글자로 陰干이 坐하는 글자 조합을 이룬다. 까닭에 沖하면 開庫된 陽干의 藏干은 거의 예외 없이 八字의 陰干과 合을 이루므로 器物이 破壞되는 현상을 피해 갈 수 없다. 寅申巳 三刑이 두려운 것은 바로 巳에 배속된 陰干의 글자로 인해 器物이 破壞, 流失되는 상황을 초래하기 때문이다. 반면 寅申沖은 器物의 損傷으로만 그칠 가능성이 적지 않다. 따라서 처음에는 刑發과 같이 早速早發하는 형태로 상황이 전개되는 바를 실감하기 쉽다. 하지만 先後에 의거 器物이 破壞되지 않은 한 沖의 損傷으로 귀결되기에 결국은 無爲로 끝나기 일쑤다.

辰戌과 丑未는 여타의 글자 沖에 비해 入墓 상황을

제외한다면 器物이 破壞될 확률은 낮다고 볼 수 있다. 辰은 十二支中 유일하게 자체적으로 戊癸 自合의 뜻이 있는데 沖하면 合化의 生産으로 기능한다[1]. 辰戊에는 陰陽干이 고루 배합되어 合化의 가능성이 가장 높은 글자 조합이므로 橫財數와 연관이 있다. 古人이 말하기를 "旺者는 入墓가 凶하고 衰者는 入墓가 吉하다"고 했는데 이것이 곧 六神物象(Module 4)의 入墓 버전에서 설명한 入墓의 失과 開庫의 得 상황을 의미하는 말이다.

√Solution

[1]辰中의 戊癸가 개고로 자합自合하는 현상은 독특한 경우로 여기에는 좋고 나쁜 점이 있다. 이를테면 합화하면 득得의 결과로 나타나지만, 戊癸 자체는 合絆으로 여타의 육신과 합생하지 못하는 불리함이 있다. 예컨대 辰戌沖으로 개고된 辰中戊癸가 여타의 암신暗神과 합생합작하는 것은 애초에 불가한 셈이 된다.

四生, 四庫의 沖은 일단 두려운 것이지만 四敗는 상세히 裁하라고 했다. 子午卯酉의 沖은 모두 陰陽干의 결합을 이루어 流失 이전에 生産의 뜻이 있다. 즉 '나가고, 들어오거나' 혹은 '들고, 나는' 현상으로 나타난다. 이것은 得이나 失 어느 하나의 일방적인 결과가 아닌 得失이 거의 대등한 관계로 交叉한다는 얘기다. 특히 子午沖은 陰陽 體用이 바뀐 글자로 陽干이 坐하는 글자 조합을 이루어 변화가 더욱 複雜多樣하다. 이를테면 일이 있는 바로 그 해에 異性과 헤어지고 새로운 因緣을 만나거나 財의 거래가 빈번하게 일어나는 식으로 진행된다. 마찬가지로 落職으로만 그치기보다는 轉職할 가능성이 더욱 높다는 얘기다.

▶ 生沖庫沖敗沖

生沖	怕動	器物破壞에 주목
庫沖	怕開	入墓現狀에 주목
敗沖	詳裁	物象出入에 주목

六沖과 六合은 動力先後에서 같은 三線으로 작용의 힘이 비슷하다. 까닭에 보통 "沖은 合으로 풀고, 合은 沖으로 解消한다"고 보는 게 대세다. 하지만 이 말은 靜物의 차원에서 그렇다는 의미로 국한된다. 物象法에서는 일단 動因인 歲月의 運이 작동하기 시작하면 合沖이 동시에 動搖한다. 즉 合이 沖을 沖이 合을 촉진한다는 얘기다. 이를테면 다음과 같다.

乾命

壬 庚 庚 丁

午 辰 戌 亥 ◁ 卯年

丁亥生은 辰戌沖이 되어 있는데 卯運에 卯戌合으로 辰戌沖을 풀어 命式을 안정시키는 게 아니다. 卯戌合으로 合動하면 戌이 動하여 辰을 沖하므로 合運에 沖動하여 失의 국면이 야기된다.

合은 먼저 束縛하는 성질이 있어 한시적으로 器物의 기능을 정지시키지만, 沖은 器物 자체를 못 쓰게 하는 결과를 가져오기도 한다. 그러므로 合沖이 겹치면 命運의 體 영역과 歲月의 用 영역을 나누어 살펴야 한다. 또 合을 沖해 올 때와 沖을 合해 올 때가 다르다는 점을 알아야 한다.

坤命

丁 丁 庚 辛
未 酉 子 丑 ◁ 午年

앞의 丁亥生은 八字의 沖이 合運을 맞이한 경우인데

辛丑生은 반대로 子丑合이 午火의 沖運을 보았다. 子午가 沖하면 午火는 開庫되어 丙辛 水化의 得을 낳지만, 午火의 器物은 破壞되어 쓸모가 없다. 이때 子水는 열리지 않는다. 沖運에 合動하여 合絆을 풀어내는 得의 국면으로 나타난다[1].

√Solution

[1]合을 沖하여 合絆이 合生으로 轉移되는 현상이다.

合沖의 상관관계는 이상과 같은 단순 유형의 설명으로만 그칠 수 없다. 자세한 내용은 이어지는 '5. 합(合, Combinations)'에서 다루기로 한다.

chapter 4 · 會 Assembly

會는 하나의 旺氣로 집결되어 發하고 후차적으로 暗氣를 觸發한다. 즉 會動하여 會發하는 것이다. 地支가 局을 이루면 氣勢가 공히 强旺하여 八字 體神의 靜物에서도 작용하는 바를 실감할 수 있다. 이를테면 財旺無官의 坤命도 능히 夫德을 기대할 수 있고, 食旺無財 또한 富를 논할 수 있는 식이다[1]. 暗氣나 暗神이란 八字에 없는 虛字와 숨어 있는 藏干을 포함한 개념으로 쓰이는 말이다[2]. 가령 大運에서 三會가 성립되면 기간 중에 會發에 주안을 두고 삶의 형태가 뚜렷하게 변화될 가능성을 강하게 암시한다. 물론 변화의 시점은 流年에 달렸다.

√Solution

[1]엄밀히 따져 그것을 예고하는 것이다.

[2]허신의 정확한 구분은 '팔자허자론강해'에 명확하게 요약되어 있다. 허신虛神은 크게 세 가지 종류로 나눌 수 있다. 첫째는 지지에 숨은 장간藏干과 같은 암신暗神이고, 둘째는 공협拱挾된 자허自虛다. 셋째는 합래合來 내지 인합引合하는 합허合虛의 글자를 들 수 있다. 이상을 다른 말로 장신藏神, 협신挾神, 허합虛合으로 표현한다.

장신	寅中에 품은 보이지 않는 戊丙甲의 글자
협신	寅辰 사이에 끼어 보이지 않는 卯
허합	寅寅이 合來하는 亥나 申
	寅卯가 引合하는 辰이나 亥卯가 引合하는 未

'팔자허자론'에서는 장신藏神과 협신挾神을 자허自虛로, 허합虛合을 합허合虛로 대별하고 양자간에 분명한 차이가 있음을 밝혀 두고 있다. 허신虛神은 보통 팔자에 같은 오행의 글자가 있으면 성립되지 않는 것으로 이를 전실塡實(impletion)이라 한다. 다시 말해 전실되면 허자가 성립되지 않는다는 뜻이다. 이 같은 전실의 규칙은

허신 중에 합허合虛에 한해서만 적용된다는 점이 골자다. 이를테면 寅中甲木은 팔자에 甲木이 투透했을때 더욱 가치가 있다. 寅과 辰 사이에 협挾한 卯木은 팔자에 이미 甲乙이나 寅이 있다고 해서 전실의 규칙을 적용하지 않는다. 오히려 같은 오행의 글자를 보아 더욱 유용해진다. 반면 팔자에 寅寅이 있고 亥나 申이 있다면 亥水의 암합暗合이나 申金의 암충暗沖을 말할 수 없다. 전실로 인해 무용하기 때문이다. 요약하면 전실의 적용은 장신藏神, 협신挾神, 허합虛合이 각기 다르다. 대개 자허는 전실의 적용을 거의 받지 않는다. 반대로 허합은 같은 오행은 모두 전실에 해당된다. 다만 협신挾神에 한해서는 같은 글자에 한해 전실을 적용하기도 하는데, 이것은 단지 귀기貴氣의 고저에 한할 뿐, 성립 자체와는 무관한 요소다. 이상이 전실 적용의 정확한 용법이다.

비교적 會動이 분명하게 發生하는 타이밍의 조건은 다음 네 가지다.

1. 命運의 半合을 流年에서 三會로 성립시킬 때
2. 命運의 三會를 流年에서 刑해 올 때
3. 命運의 三會를 流年에서 沖해 올 때

4. 命運의 三會와 같은 글자가 流年에서 겹칠 때

動力先後의 一線은 干合이고, 二線에는 三會와 三刑이 있다[1]. 干合은 合된 글자의 屬性을 완전히 잃으므로 해당 글자는 다른 글자와의 후차적인 조합을 논할 필요가 없다. 三會 또한 合을 이룬 글자는 자신의 固有性을 잃기 마련이지만 그렇다고 해서 干合과 같이 완전히 사라지는 게 아니다. 원론적으로 干支는 氣와 質로 구분[2]되니 비록 質이 강력하게 응집되어 合局의 旺氣를 發한다 해도 質이 완전히 소멸되는 양상으로 나타나지는 않는다는 얘기다. 그래서 二線의 刑과 三線의 沖과는 상호 격렬하게 반응하는 의미가 있다[3]. 六合은 어떠한가. 合力에서 六合은 三會와 비할 바가 못 되므로 작용 관계를 논할 수 없다.

√Solution

[1]엄밀히 따져 선후론에 간합이 삼회에 우선하는 것은 시제의 선후지, 동력의 선후가 아니다. 동력 선후의 일선은 삼회다.

[2]간지를 氣와 質로 구분한 것은 운기와 물질의 대별이다. 氣質의 質이 아니다.

[3]가령 巳酉丑을 寅이 刑하면 寅巳는 모두 개고된다. 삼회와 삼형의 동력 선후가 같기 때문이다. 巳酉丑을 亥가 沖하면 亥만 개고되었다가 발발하는 결과로 나타난다. 삼회와 육충의 동력 선후가 차이나기 때문이다.

三會에는 方合과 三合이 있다. 方合은 洛書, 三會는 河圖의 배치와 유관하다고 했다. 이것은 三會를 이룬 각 글자 固有性의 잔존 여부와 관련이 깊다. 方合의 글자는 모두 하나의 個體 성분을 잃지 않고 존재하므로 어떠한 動因의 글자와도 조합되는 특징이 있다[1]. 반면 三合은 刑沖 이외의 動因 조합과는 상호 작용이 성립되지 않는다. 三會는 비단 得失에만 그치지 않고 氣旺하여 成敗와 도 직결됨을 앞에서 설명하였다. 지금부터 三會의 得失 관계를 위주로 논하겠다.

√Solution

[1]삼합과 방합의 가장 뚜렷한 차이다. 종래에 이러한 분별을 기한 바가 없다.

먼저 '1'의 경우다. 流年에서 三會가 이루어지면 會를 이룬 주역의 글자들은 모두 그 屬性을 잃게 된다. 이때 月令 또한 用神(格局)의 變化를 일으키지만 八字에 月令의 氣를 얻은 天干의 글자가 透한 이상은 月令 固有의 氣는 건재하다. 이렇게 流年에서 三會가 성립되는 시점에는 三會를 이룬 글자, 器物은 流失되는 현상이 先行한다. 다음으로 會局의 旺氣를 띠는 동시에 자연스레 暗神을 觸發할 정도의 위력을 지닌다. 이러한 현상을 각 六神별로 구분하여 대강을 살피면 다음과 같다.

▶ 會發(회발)

比劫局(비겁국)	사람들이 모여들고, 진로가 열린다.
食傷局(식상국)	진로가 열리고, 재물을 모은다.
財星局(재성국)	재물을 모으고, 관록이 오른다.
官殺局(관살국)	관록이 오르고, 명예가 빛난다.
印綬局(인수국)	명예가 빛나고, 사람들이 모인다.

그런데 三會(삼회)를 이루고 會發(회발)하면 과연 이렇게 좋기만 할 것인가. 이 대목에서 일단의 독자들은 이미 三會(삼회) 表裏(표리)의 부정적인 기능을 염두에 두고 있을 것이다. 그것은 會(회)를 성립시키며 流失(유실)된 글자들의 犧生(희생)이 수반된다[1]는 점으로 설명할 수 있다. 또한 暗神(암신)에 한해서만 生動生發(생동생발)의 효과를 본다는 조건성도 여타의 작용과는 차별되는 점이다.

√Solution

[1]삼합三合의 합반合絆 현상이다. 방합方合에서는 합반合絆을 따로 논하지 않는다.

그렇다면 合局 五行이 生하는 글자가 暗神이 아닌 미약한 五行의 세력으로 존재하거나 혹은 그런대로 힘을 갖추어 존재할 때는 어떠한 현상으로 나타날 것인가. 결론적으로 전자의 경우에는 反生의 피해를 보기 쉽고, 후자는 별반 實利가 없다. 이것은 소위 힘 조절과 같은 얘기다. 보통 生하여 얻는 生動을 논할 때는 안정된 상태에서 적절한 힘의 주입만이 통한다. 이를테면 丑運에 申金이 生動하는 것을 말한다. 그러나 子運에 卯木은 生動하는 힘이 불안정하다. 刑이 성립되므로 이 둘의 조합은 生動을 논하지 않는다. 이와 달리 八字에 申酉戌 方局을 이루고 있는데 丑運이 도래하면 八字가 크게 흔들릴 것이다. 生動生發이 아니라 顚倒(reverse)의 파괴적인 현상이 나타날 우려가 높다.

혹자는 "生動의 대상이 미약한 五行의 글자라면 三會와 같은 강력한 힘이 오히려 도움이 되지 않을까"하는 의문을 품을 수 있다. 고스란히 틀린 생각은 아니다. 하지만 이때는 먼저 反生의 작용력이 나타나고, 다음으로 無力해진 五行의 氣를 生動하는 상태로 전개된다. 이를테면 八字에 比劫局을 이루고, 食傷의 글자가 無根하게 透해 있다 치자. 會動하는 시점에서 食傷은 즉시 反生의 작용으로 인해 進路가 梗塞된다. 그런데 當年에 比劫局은 새로운 因緣들을 파생하며 反生으로 이미 虛神과 같아진 食傷의 氣를 촉진하여 다른 進路를 열어 내므로 가히 나쁘다고 할 수 없는 運氣로 느껴지기 마련이다.

'1'과 달리 '2.3.4'는 命運의 體 영역에서 이미 三會를 이룬 경우다. 이때 八字 元局이 아닌 大運에서 三會가 성립된 경우라면 응당 八字의 구조에 따라 變化의 起伏이 다 다르겠지만 어쨌든 기간 중에는 지난 시절과는 다른 극심한 변화를 예상할 수 있다.

乾命

辛 庚 庚 庚　甲
巳 午 辰 子　申 ◁ 辰年

庚子生은 甲申運 三合 水局을 이루었다. 기간 중에 申子辰 세 글자를 刑沖하거나 같은 글자가 겹치면 會動하여 삶의 극한 변화를 수반하기 쉽다. 此命은 食傷局을 이루어 辰年과 같은 시기를 만나면 會發이 다양한 進路로 나타난다. 이것은 微弱한 甲木 財를 反生하여 浮木의 散財를 가속화시킨다. 그러나 곧 流失된 木虛를 觸發하므로 蓄財하는 양상으로 결론이 난다. 즉 가지고 있던 것은 잃고, 새로운 財貨를 창출한다는 얘기다.

半合은 몹시 예민한 조합이라 할 수 있다. 가령 命運에서 半合을 이루면 歲月에서 會動하기 쉽다. 또 合局五行과 같은 天干의 글자가 透한 경우에는 그 勢力이 만만하지 않다. 하지만 動力先後에서 合沖에 미치지 못하므로 언제든지 解體(disjoint)될 수 있는 상태로 존재하는 것이다. 까닭에 半合을 運에서 合하거나 沖해 오면 일시적인 會發의 현상이 나타난다. 하지만 暗神을 觸發시키는 이차적인 得益은 기대할 수 없다. 단 이때는 半合의 어느 글자를 沖하는지를 필시 살펴야 한다. 가령 午戌合의 戌을 辰運에 沖해 온다면 午戌合은 解體되고 辰戌 모두 開庫한다. 그러나 子運으로 旺地 午火를 沖해 오면 衰者沖旺이 되어 子水가 뽑혀 나간다. 물론 午火의 開庫 현상은 나타나지 않으며 會發하는 결과로 體感될 것이다[1]. 까닭에 半合은 動力先後의 五線에 속하지만 旺地만을 논한다면 二線과 같은 것이다. 즉 半合을 이루는 生과 庫의 글자가 合沖의 작용력에 미치지 못할 뿐 旺支는 三會를 이룬 글자와 동등하게 취급한다.

√Solution

[1]반합半合이 민감한 것은 동력 선후가 변태變態하기 때문이다. 예컨대 寅午半合에서 寅은 合沖의 하부 단계에 놓이지만, 午는 동력 일선一線의 입장에서 살펴야 한다는 얘기다. 이로서 쇠자와 왕신의 관계로 설명한 부분은 매우 정밀한 법수를 논하는 대목이다.

會發에는 간과해서는 안 될 또 하나의 得이 있다. 그것은 倒沖氣[1]다. 즉 木局은 金을 부르고, 金局은 木을 부른다. 水局은 火를 불러 오고, 火局은 水를 부른다. 이상도 마찬가지로 會動할 때 그러하다는 얘기다. 가령 潤下格이 會動하면 자연 財氣를 發한다. 曲直格이 會動하면 官祿이 發할 것이다.

▶ 三會得失

得	會發	旺氣發顯	暗氣觸發	倒沖氣
失	顚倒	合字流失	反生反剋逆剋沖去	

√Solution

[1]회국의 도충기를 적용하는 법수에서 각 글자의 대충방에 놓인 글자를 모두 끌어다 쓸 때가 있다. 이때는 전실塡實의 법칙을 엄격하게 적용해야 하는데 실전에서 꽤나 번거로우므로 자세한 설명이 생략된 듯하다.

三會를 沖할 때와 刑할 때가 같지 않다. 沖運에는 衰者沖旺旺神發이 되어 會發은 분명하지만 沖者는 뽑혀나간다. 刑運에는 會發하고 刑者는 刑發하니 取하는 게 많을 것이다[1]. 이를테면 壬水 日干이 申子辰을 짓고 流年에서 巳火의 刑運과 午火의 沖運을 맞이했을 때 같은 현상이 있고 다른 현상이 있다. 巳火는 刑發하여 분명한

得財로 나타나지만 午火는 沖去되어 失財로 귀결될 것이다. 그런데 이 사람은 대개 午運에도 得財를 실감한다[2]. 그것은 會動이 倒沖氣를 띠기 때문이다.

√Solution

Vital point > 삼회와 삼형이 중복되면 刑에 해당되는 글자는 모두 개고開庫된다.

[1]刑運에 개고로 유실의 상황을 거론하지 않고 刑發만을 논한 것은 쉽게 납득이 가지 않는 상황이다. 이론적으로 沖運보다 더 큰 리스크를 지니는 유형이 삼회와 삼형의 교차다. 본문에서는 壬日의 申子辰 水局과 巳申刑에서 巳火의 刑發을 예로 설명하고 있는데, 이때는 巳火가 중복되어 겹쳐야만 巳火의 형발을 기대할 수 있다. 그것이 아니라면 巳火의 유실로 인한 會動의 도충기로 나타난 發財다. 필자의 단견으로는 원문의 내용을 정확하게 이해하지 못하겠다.

[2]午運에는 財의 先失後得으로 나타난다. 이때도 午火가 합거로 유실되어야만 전실을 벗어나므로 도충기의 得財를 논할 수 있다.

刑沖會合은 因緣法에서도 곧잘 활용되는 테마다. 보통 俗塵에서 因緣을 논할 때는 夫婦의 緣을 무겁게 살피는데 비단 여기에만 한정되지 않고 사회의 모든 因緣과 무관치 않다. 因緣의 '좋고, 나쁨'을 가릴 때는 보통 兩者간의 八字와 運의 흐름을 모두 헤아려 견주어야 하는데 그것이 몹시 難解하고 지루한 것이다. 원래 인간관계는 恩人이 怨讐가 되고, 惡人이 恩人이 되기도 하니 好惡을 쉽게 단정할 바 못 된다. 이렇게 恩怨이 공존하는 가운데 서로가 한시적으로 利益이 되는 조합을 보통 吉緣이라 하는 것이다.

까닭에 人間의 복잡한 因緣 관계를 八字術로 다 헤아린다는 주장은 다소 虛風스러운 것인데, 다만 주변 관계에서 歸納的인 접근을 하다보면 刑沖會合의 관계와 밀접한 바를 어렵지 않게 느낄 수 있고 나아가 활용의 근거로 삼아 볼만한 것이므로 그 實效가 적지 않은 것이다. 일단 여기서는 夫婦 配緣에 초점을 두고 刑沖會合의 因緣法 일단을 설명하겠다. 실상 夫德과 妻德의 厚薄을 논한다면 그것은 이미 각자의 命柱에 이미 나타나 있는 것인데 대개의 命理家들은 보통 八字에 나타난 財官의 六神 건전성을 기준으로 德의 有無를 논한다. 이때 財官이 나타나지 않으면 六親宮, 즉 日支의 休旺과 喜忌로 배우자의 有無力과 德을 살핀다. 命에 財官이 旺透하면 運에서 干支 모두 流失될 가능성이 적으므로 緣分이 두텁고 富貴를 오래토록 유지할 수 있다. 반대로 庫地에 暗臧된 財官 또한 쉽게 공격을 당하지 않으므로 오래 가는 因緣 중의 하나다. 그러나 干이나 支 하나로 동떨어져 나타난 財官은 상대적으로 流失될 가능성이 높다. 刑沖會合은 모두 예외 없이 失去의 뜻을 품고 있으므로 만

약 八字에서 孤神의 형태로 나타난 財官이 刑沖會合되어 있다면 分離 - 別居, 離婚, 死別 - 의 가능성이 한층 깊은 것이다.

보통 刑沖會合으로 因緣의 持續性을 살필 때는 太歲의 地支가 主가 되어 (1)상대방의 '띠'와 (2)緣分을 맺은 해, 婚姻 시점을 기준으로 본다. 夫婦緣에 한하자면 八字에 財官 六親星이나 배우자 六親宮(日支)에 刑沖會合이 있는지를 기준하여 合緣 여부를 가린다. 대개 刑沖會合의 動力先後에 준하여 吉緣이 배당된다.

1. 八字에 刑이 있으면 會의 글자 '띠'에 해당하는 상대와 緣分이 깊다.

예컨대 배우자 六親星이나 六親宮에 맞추어 八字에 巳申刑이 있다면 酉, 닭띠나 子, 쥐띠가 吉緣일 가능성이 높다. 子酉年의 成婚이 안전하고, 巳申年에 結婚하면 종내 絶婚의 우려가 깊다.

2. 八字에 沖이 있으면 合의 글자가 '띠'에 해당하는 상대와 緣分이 깊다.

예컨대 배우자 六親星이나 六親宮에 맞추어 八字에 寅申沖이 있다면 亥, 돼지띠나 巳, 뱀띠가 吉緣일 가능성이 높다. 巳亥年의 成婚이 안전하고, 寅申年에 結婚하면 종내 絶婚의 우려가 깊다.

3. 八字에 半合이 있으면 半合의 글자가 '띠'가 되는 상대와 緣分이 깊다.

財官이 三會를 이루거나 日支가 三會에 속하면 글자 자체로 六親宮과 六親星의 喜忌를 논하지 않으므로 會의 경우 半合만을 논한다. 예컨대 배우자 六親星이나 六

親宮(친궁)에 맞추어 八字(팔자)에 亥卯(해묘) 半合(반합)이 있다면 亥(해), 돼지띠나 卯(묘), 토끼띠가 吉緣(길연)일 가능성이 높다. 亥卯年(해묘년)의 成婚(성혼)이 가장 안전하다.

4. 八字(팔자)에 合(합)이 있으면 沖(충)의 글자가 '띠'에 해당하는 상대와 緣分(연분)이 깊다.

예컨대 배우자 六親星(육친성)이나 六親宮(육친궁)에 맞추어 八字(팔자)에 辰酉合(진유합)이 있다면 戌(술), 개띠나 卯(묘), 토끼띠가 吉緣(길연)일 가능성이 높다. 卯戌年(묘술년)의 成婚(성혼)이 안전하고, 辰酉年(진유년)에 結婚(결혼)하면 종내 絶婚(절혼)의 우려가 깊다.

▶ 刑沖會合配緣(형충회합배연)

刑(형)	會(회)
沖(충)	合(합)
半合(반합)	同字(동자)
合(합)	沖(충)

chapter 5 · 合 Combinations

合에는 干合과 支合이 있다. 干合은 合化의 뜻이 있어 '먼저 잃고, 후에 얻는' 物象으로 나타나기 쉽다. 刑沖의 작용 또한 合化의 뜻이 있으므로 이상은 꽤 연습한 셈이다. 命家들조차 得失과 成敗의 개념을 잘 모르는 경우가 있다. 가령 春月生 庚子 日柱가 午年에 公職을 그만두고 年金을 수령했다면 이것은 '成인가, 敗인가', 또 '得인가, 失인가'? 敗란 格局이 시사하는 정체성(identity)와 관련이 깊다. 이 사람은 財格일 가능성이 높으므로 財의 得失에 포커스를 두어 成敗를 갈라야 마땅하다. 成敗와 달리 得失은 다양하게 나타나기 일쑤다. 가령 돈을 쓰고 명예를 얻었다면 官印格으로서는 자연 成運이요, 食財格이라면 敗運으로 구분될 것이다. 庚子日은 子午沖으로 失職했다. 하지만 子中 壬水와 午中 丁火가 寅月에 木化하여 得財한 것이다. 이것을 財格의 成敗得實로 나누면 다음과 같다.

▶ 成敗得失

財格	成	
得	得財	
失		落職

六沖과 六合은 動力先後에서 같은 三線으로 작용의 힘이 비슷하다. 하지만 이 둘은 온전하게 相對적인 개념으로 수립되지 않는다. 支合이 支沖과 다른 것은 陰陽의

配偶라는 점이다. 여기에는 五行이 개입되지 않는다. 즉 支沖이 相剋한다면 支合은 相生해야 반대의 의미를 갖게 되고 동격의 입장에서 다룰 수 있다. 까닭에 支沖의 상대적인 개념은 干合이지, 支合이 아니다. 五運六氣가 그러한 것이다. 까닭에 '合이 沖을 풀고, 沖이 合을 푸는' 시각의 정립은 단순히 '부서지고, 끌어안는' 성질의 차이에서만 논해야지, 서로가 特效藥과 같은 개념은 아니라는 얘기다. 앞의 '충(沖, Clashes)'에서 우리는 이미 八字의 沖을 合해 올 때와 合을 沖해 오는 경우 得失이 달라지는 결과를 살펴보았다. 즉 合은 먼저 束縛(restriction)의 작용을 하는 반면 保護(protection)의 기능을 수행하며 沖이 될 때 合된 두 글자의 器物이 온전해져 一擧兩得하는 특징이 있음을 알 수 있다. 즉 合動, 合起[1]의 動因은 沖인 것이다.

√Solution

[1]합기合起는 합으로 인한 득得의 상황을 의미한다. 여기에는 세 가지 유형이 있다. 첫째는 천간운과 지지 암신의 합생합작이고, 둘째는 팔자의 합을 충하여 합반이 합생으로 전이하는 것이다. 셋째는 팔자에서 합생하는 구조로 있는데 어느 한 글자를 요동시킬 때 나타나는 현상이다.

다시 한 번 정리하겠다. 대개 合은 沖을 반기지만, 沖은 보통 合을 꺼린다. 沖이 야기하는 合動은 合起하여 분명한 得의 국면을 낳지만, 合이 일으키는 沖動은 得으로만 나타나지 않기 때문이다. 이것이 바로 合沖이 相應하는 가운데 不均한 관계를 의미한다.

▶ 六合失得

失	合絆	靜
得	合起	動

六合은 命運의 體 영역에서 靜物로 묶여 있다가 運에서 衝動하면 束縛을 풀어 一去兩得의 기쁨이 있다고 했다. 이러한 현상은 실제에서 命主가 뜻밖의 소득으로 간주하기 쉽지만 실은 이미 八字가 품고 있던 것을 본 것에 지나지 않는다. 흔히 말하는 行運이 잘 따르는 사람들은 대개 財合을 지녔기 때문이다[2]. 그런데 오직 沖만이 合動의 요소일까. 그렇지 않다. 合이나 破害 모두가 合動의 요인이 된다. 이만하면 合起가 沖起나 刑發에 비해 못할 게 없다. 다만 合動은 成敗와 별반 관련이 없다는 점에서 차별된다.

√Solution

[1]대개의 재복財福은 財의 무수한 합생합작 구조에 근거한다.

六合은 干合과 달리 合化의 뜻이 없다[1]. 반면 三會에서는 生地와 庫地의 글자가 자신의 屬性을 잃고 一氣로 통일되므로 이것은 合化로 설명될 수 있다. 그런데 三會가 發하는 旺氣는 모두가 원래 지녔던 氣運으로 엄밀히 따져 干合의 合化와는 다른 것이다. 그런 연유로 이 책에서는 月令과 연계해서 三會의 合化를 설명하지 않고 있다. 六合이 三會와 같은 것은 沖에 대응하는 保護의 기능이지만, 衝擊 효과로 인해 얻는 것이 다르다. 이때는 六合의 實得이 보다 선명한 경우가 많다. 八字에서 沖은 대립하는 상태로 있다가 沖動하면 서로 擊射하는 것이고, 合은 묶여 있다가 合動하면서 解放되는 것이다.

√Solution

[1]六合에 合化의 뜻이 없다는 말은 월령月令과 대비해서 득실 여부를 가리지 않는다는 의미다. 이것은 물상법에서 일컫는 합생합작과 약간의 개념 차이가 존재하므로 혼동하지 않기 바란다.

合沖(합충)의 관계는 얼핏 이해하기 쉬운듯해도 알기가 쉽지 않다. 古書(고서)에서 合沖論(합충론)에 관한 한 명쾌한 견해를 찾아보기 어렵다. 까닭에 八字術(팔자술) 현장에서 術家(술가)들이 겪는 애로는 적지 않다. 이를테면 다음과 같이 合沖(합충)이 交集(교집)된 경우다.

乾命(건명)

壬 乙 辛 丙
午 未 丑 午

丙午生(병오생)은 丑未(축미)가 沖(충)이고 다시 日時(일시)에서 午未合(오미합)을 이루어 沖合(충합)이 모두 解消(해소)되었다. 즉 八字(팔자) 靜物(정물)에서 그렇다는 얘기다.

乾命(건명)

壬 乙 辛 丙
午 未 丑 午 ◁ 丑年

丙午生(병오생)은 丑運(축운)에 몹시 多變(다변)하는 상황을 경험하기 쉽다. 일단 丑午 鬼門은 丑未를 衝動한다. 재차 두 개의 丑이 未를 挾功하는 상황에서 旺者沖衰衰者拔하는 현상을 떠올릴 수 있다. 丑土는 沖發[1]하여 得財를 암시하고 未土는 沖拔되어 터전의 流失이다. 이 가운데 다행인 것은 午火가 未土를 끌어안는 현상이다[2]. 원래 合動이란 '묶인 것을 푸는' 작용을 말한다. 그런데 여기서는 다시 묶었다. 이것은 八字에서 合이 성립되어 있지 않았기 때문에 合動하여 묶은 것이다. 따라서 命主가 이 해에 터전을 상실당하는 患亂에 처하지 않고, 오히려 얻는 것이 많을 수다. 까닭에 沖과 合을 살필 때는 매우 사려 깊게 임해야 한다.

√Solution

[1]언급된 沖發은 광의적인 표현이다.

[2]丙午生의 午未는 丑으로 인해 合絆이 아닌 合生의 형태다.

合運에 合이 되는 글자는 묶여 失로 판단하게 되지만, 이미 合된 글자는 合運에 合動하여 束縛에서 풀려난다. 이러한 현상을 두고 "合이 合을 푼다"고 하는 것이다. 비단 沖이나 合뿐만 아니라 여타의 動因에 의해서도 合起한다고 앞에서 언급했다. 六合에는 干合의 작용으로 연계되지 않으므로 刑沖과 달리 成敗와 무관하다 했는데, 반드시 그렇다고만은 볼 수 없다. 古人들은 合의 요소 또한 重하게 여겼다. 그래서 別格에는 合으로 貴格을 이루는 사례를 어렵지 않게 찾아볼 수 있다[1]. 또한 六合 글자의 先後와 관련해서 다양한 해석을 기하고 있는데 여기에는 취할 것이 있고 별반 괘념치 않아도 될 것이 있다.

√Solution

[1]허자용신격국, 즉 허자론虛字論을 관통하는 개념이 비출飛出된 육신의 비합飛合, 그리고 합생合生에 있기 때

문이다.

合의 貴함을 논할 때는 대개 虛神과 무관치 않다. 이를테면 合祿, 合馬, 合貴 같은 것이다. 六合은 空間 圈域의 合으로 河圖의 배열과 가까우니 마치 五運과 같이 보이지 않는 配星의 氣를 띠기 마련이다. 까닭에 八字에서 六合의 대상이 되는 글자가 具備되어 있지 않다면 비록 온전하진 않아도 虛字의 존재를 무시할 게 아니다. 合祿은 八字에 日干 祿의 글자가 없고 이것을 合해 오는 글자가 있는 경우를 말하는 것인데, 이를테면 戊日生은 巳가 祿인데 八字에 巳가 없고 巳와 六合을 짓는 申만 있을 때를 말한다. 合馬 또한 이치가 같다. 驛馬의 글자를 合하는 글자가 있고, 驛馬의 글자는 나타나지 않은 경우다. 合貴는 貴合의 글자를 불러오는 경우다. 가령 甲日生이 丑未를 보지 않아도 子午가 있으면 合貴가 성립된다. 이때 八字에 虛神과 沖이 되는 글자가 있으면 合을 논하지 않는다.

坤命

丙 乙 壬 庚
戌 亥 午 子

合祿이다. 八字에 戌이 있고 卯가 없으며, 卯를 沖하는 酉가 나타나지 않아 合祿이 성립된다.

乾命

戊 庚 甲 己
寅 辰 戌 酉

合馬다. 己酉生이 亥 驛馬를 보지 못했으나 時支 寅을 見하여 合馬가 된다. 또한 日支 辰이 있어 合祿을 말할 수 있으나 年支의 祿塡으로 合祿은 성립되지 않는다.

乾命

辛 庚 庚 庚
巳 午 辰 子

合貴다. 合貴는 陰貴와 陽貴 두 글자를 모두 갖추어야 논할 수 있으므로 실제에서 찾아보기 어려운 命例의 하나다. 兩貴는 그 자체로 合을 지으므로 八字에 沖의 글자가 존재하는지의 여부를 가릴 바가 아니다.

▶ 合貴

合祿	待接받는 地位에 오른다.
合馬	努力으로 興復, 成業한다.
合貴	貴人의 恩德이 두텁다.

八字 體神에서 六合 자리의 先後로 福의 輕厚를 가리는 古法이 있는데 이것은 月支 格局의 混純과 관계되므로 한 번쯤 살피는 게 좋다. 格局에 미치는 六合 작용

력의 드문 논리이므로 흥미로운 재료다. 다만 八字(팔자) 전체를 보지 않고 福(복)의 經重(경중)을 예단하는 것은 바람직한 방식이 아니다. (이하 略)

√Solution

Vital point > 형충회합의 귀결, 성패와 득실은 모두 합의 작용으로 귀결된다.

지금까지 독자들은 刑沖會合(형충회합)과 기타 動因(동인)들에 의해 八字(팔자)가 搖動(요동)하고 人生事(인생사)의 喜怒哀樂(희로애락)이 거기에 다 담겨 있는 理致(이치)를 헤아렸을 것이다. 한 마디로 變化無雙(변화무쌍)하고 無窮無盡(무궁무진)한 삶의 過去(과거)와 現在(현재), 未來(미래)가 八字(팔자)에 담겨 있는 바를 실감하는 면에서는 刑沖會合(형충회합)의 法手(법수)를 뛰어넘는 주제가 없을 것이다.

Epilogue

명운을 추리하는 여러 방법 중에 형충회합의 법수는 가장 높은 단계의 테마라 할 수 있습니다. 난해하기만 한 형충회합의 이론체계는 학습을 더할수록 그 경계가 더욱 아득하게 여겨져 스승의 절대 경지를 헤아리는 게 가능할 듯싶지 않습니다. 이 책을 읽고 터득하는 바가 적지 않은 독자라면 마음속에서 일어나는 느낌이나 생각이 저와 별반 다르지 않을 것 같습니다.

명리학의 역사에서 그동안 점진적으로 세분화되는 체용體用의 분할이 화두였다면 현재는 체용에서 변變의 단계로 진화되는 과정에 있습니다. 이제까지 팔자의 체용을 분석하는 스킬은 효용이 각기 다를지언정 오랜 기간에 걸쳐 학자들 나름대로 이론적 토대와 체계를 갖추며 발전해 왔습니다. 그러나 여기에서 나아가 형충회합으로 상징되는 변용變用을 자유자재로 구사한 대가나 문파가 없었습니다.

명운의 굵직한 틀에서부터 디테일하기 짝이 없는 삶의 변화에 이르기까지 가장 적확한 표현으로 짚어내는 형충회합의 기법이 연구, 발전됨에 따라 이제 한국의 명리가 한중일 삼국에서 가장 앞서는 추세를 보이고 있습니다. 이번에 형충회합의 보다 진전된 해법을 선보이고, 졸저를 강호의 명리학도들과 공유하게 되어 신사조의 원류가 되는 이수문파의 일원으로 무한한 자부심을 느낍니다.

끝으로 이 책의 출간을 배려해 주신 이수 스승님과 장서원의 장석홍 사장님께 심심한 사의를 표하고, 아울러 격려를 아끼지 않은 흔조 학회장님과 최이린 사무국장, 학회의 회원들에게 고마운 마음을 전합니다.

프로필

지은이

朴 焰

壬辰年 慶南 河東 生

韓國外大 佛語科 卒業

政府投資機關 在職

李修門派 門下 師事

jkpcasa@naver.com

형충회합정해(形沖會合精解)

첫판 1쇄 2008년 6월 20일
첫판 3쇄 2022년 8월 25일

지은이 朴 焰
펴낸이 장석홍
펴낸곳 도서출판 장서원
주소 04352 서울 용산구 한강대로 88길 21-5
전화 703-5362 팩스 713-7436
등록 제 03-01213호
정가 15,000원